The Changes

改變

一群加拿大慈濟人
的移民故事

慈濟加拿大分會前執行長

何國慶——著

目 錄

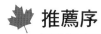 **推薦序**

加拿大是創造奇蹟的大本營

———釋證嚴

　　時間過得很快，如今加拿大慈濟已經成立二十八年了。我記得，花蓮慈濟醫院落成那一年，慈愉帶領她先生何國慶居士（濟亨）加入慈濟。隔年，濟亨和慈愉全家來看我，當時護理師正在幫我打點滴，才四歲的小兒子恩豪問了我一個問題：「超人和凡人有什麼不同？」我就說：「你說呢？」他說：「超人就是把紅內褲穿在外面，就變成超人了呀！」大家都笑了。原來他是想要轉移我對打針的注意力，真可愛。

　　我知道濟亨一直都非常愛好中華文化，他也記得我早期常用《論語》來教導弟子。有一次，濟亨跟我說：「我要當師父的子貢。」他說春秋戰國時代有諸子百家學說，但只有孔子的儒家學說後來成為主流，這是因為孔子的弟子子貢貢獻很大。

子貢是有影響力的儒商，遊走於諸侯間，成功的讓孔子成為萬世師表。他說他想要學子貢來弘揚慈濟。

　　過了不久，濟亨就帶著《中時晚報》社長高信疆來，我就分享了創立慈濟的心路歷程，高信疆很感動，說想要和濟亨一起，讓全國都知道慈濟的事蹟。一九八九年，濟亨擔任榮譽董事與慈濟護專開學典禮召集人。那一年，他們邀請了很多批媒體來慈濟參訪，每次來一批人，隨後報紙和雜誌就有大篇幅的報導，他們說，幾乎全國的報社都來了。九月初，濟亨帶著他和高信疆合作完成的《靜思語》，問我：「這樣可以嗎？」

　　我說：「我很喜歡。」那是為開校典禮特別製作的紀念版，他們印製了四萬本發給參與的大德們。護專開學典禮結束後，他又帶著九歌出版社社長蔡文甫來見我，說想要出版《靜思語》。由於之前媒體不斷報導，這本書暢銷全臺，大家都知道慈濟了。我拿到生平第一筆版稅，這是我第一次有自己的錢。不少讀者買書看了受到感動。那些年，會員加倍成長。

　　那一陣子，我跟濟亨在閒談中提到，慈濟成立初期我面臨許多人、事和政策的考驗，在那艱困的時刻，我是怎麼面對挑戰、克服難關的。他就把我的心路歷程編輯成《考驗》這本書，在一九九九年由商周文化出版。這本書很受歡迎，讓很多知識分子與企業家了解慈濟。這本書後來翻譯成英文版，印尼慈濟人還出版印尼文版。

　　九一年底，濟亨跟慈愉來精舍向我報告，說要移民加拿大，

不能當志工了。我就說:「頭頂人家的天,腳踩人家的地,一定要回饋才能贏得人家的尊敬」、「把慈濟愛的種籽帶去」。我輕輕的說,他們重重的聽,就在溫哥華用心推動慈濟工作,並成立了加拿大慈濟分會。

濟亨常常邀請加拿大各界人士來花蓮參訪,如英屬哥倫比亞大學三任校長、大溫哥華市長們、兒童醫院基金會董事長等,他們都是來表示感謝慈濟。從他每年返臺的會務報告中,我知道他們在加拿大推動慈濟的四大志業、八大法印,都落實在服務養老院、學校、醫院、食物銀行等機構當中。他們積極參與國際賑災,加拿大政府也給予善意的回應,許多省市宣布慈濟日、慈濟故事列入加拿大中學教科書等等,我覺得加拿大政府真會鼓勵像慈濟這樣的團體。

隨後在全球董事會上,加拿大董事們來報告,在溫哥華總醫院成立慈濟另類醫學中心後,省政府設立了中醫藥管理局,中醫師也正名為「醫生」。接著溫哥華的中醫學院捐給慈濟,多倫多的漢博大學也設立慈濟中醫診所,如今慈濟在加拿大有兩個中醫志業體。

有一天,濟亨和莊立仁居士來報告,多倫多慈濟受邀主辦公民宣誓典禮。直到現在,東西兩岸已舉辦多場宣誓典禮,我覺得這代表他們受到肯定,融入了加拿大的主流社會。

二〇一二年,濟亨告訴我,他們受到加拿大總理第二次召見,並親自頒發獎章;二〇一六年,麥堡市發生加拿大百年來

最大火災，慈濟贊助災區學童們的心靈重建課程，教育局長說慈濟培植、養育了未來的領導人，使本市得以重生與重建。市長更頒贈市政鑰匙給他們，也帶回來本會。我聽完加拿大董事們的報告，就對他們說：「加拿大真是創造奇蹟的大本營」。

　　很高興濟亨即將出版《改變》，告訴讀者加拿大慈濟人的回饋事蹟與感恩心情。他們的故事改變了楓葉之國天堂的一角。慈濟如一股清流，源源不斷地無國界流動，如同愛也沒有國界，我期許全球慈濟人的愛能持續為全人類帶來更多幸福。祝福大家，樂為之序。

自序

上人的祝福

　　一九九二年，我移民到加拿大，創立加拿大慈濟分會，每當我與慈濟基金會創始的幾位師兄姊回憶往事，內心總是滿懷感恩。參與慈濟，讓我們的移民生活變得有聲有色。

　　我有個老同學是位牙醫，比我早兩年移民加拿大，有一次我去找他，他說：「你快點移民來吧！這邊好山好水，像是人間天堂，我還可以天天去打網球、游泳，以前在臺北每天都有看不完的病人，根本不可能過這樣的生活。」

　　沒想到，等我們全家移民到溫哥華時，他卻正在準備打包行李要回臺灣，我問：「這裡不是人間天堂嗎？為什麼沒住多久就要急著回臺灣？」這次他說：「每天打球、享受好山好水，時間久了，就像例行公事一樣，覺得『好無聊』。而且我想通了，天堂不是給人住的，我還是要回人間。在臺灣看診雖然忙碌，

其中還是有很多樂趣，而且許多病患都是我的老友，和他們聊聊天也不錯。」

就這樣，我搬到溫哥華，我的老同學卻回到臺灣。從他的話語裡，我體會到不論人到了哪裡生活，心中還是會期許自己對這個世界有所貢獻，期待被人需要。

早年溫哥華的移民中，有位在外商銀行服務的賴明秀師姊，她住滿六年後回臺灣，參加老同事的聚會。有人恭喜她坐滿漫長無趣的移民監。她卻說：「我在加拿大忙得很，幾乎每週都有活動，有時候是去食物銀行、有時在協助冬令發放、有時去關懷街頭流浪的青少年，或者到養老院主持節目，哪會無聊？」

同樣都是移民，卻有全然不同的生活與感受。由於參與慈濟，我們這群移民，活出不一樣的人生，活出精采。我們的腳步從地方走進中央，再跨越國界，足跡遍及世界各地，接觸的人從街頭到部落，由城市到鄉村；服務的族群包括兒童、婦女、老人家以及原住民……

在我們付出的過程中，看到許多燦爛的笑臉，有人說，我們像他生命中的 angel（天使）。

其實我們只是一群平凡人，一群外來移民，但我們立下良善的目標，長期持續地去做，涓滴細流終能匯成大江大河，開展志業，並獲得社會認同，也創造許許多多的「改變」。所以，我想記錄下這些移民志工們在加拿大的故事，讓世人知道這群人長期以來的努力。這份努力為移民們贏得社會的尊重，而這

份努力的緣起，是證嚴法師（後文尊稱上人）的一席話。

我要聲明在先，當初不是為了發展慈濟而去加拿大；那是九〇年初，為了讓下一代能獲得更好的教育環境、拓展國際視野，我決定舉家移民到溫哥華。

行前，我到花蓮見師父，向他告假，說我們全家要移民，不能當志工了。

上人說：「移民去人家的國家，腳踩人家的地，頭頂人家的天，一定要回饋才能贏得人家的尊敬。」

這句話對我猶如「當頭棒喝」，一時內心震撼，因為我過去從未這樣思考過。確實，到了人家的地方，在享受福利與資源的同時，也應該想想怎麼回饋。上人所說的「回饋才能贏得尊重」，不僅利益眾生，也利益我們這些新移民。

上人接著說：

「慈濟就像地底下的一股清流，這個清流在地底下流動，是沒有國界的。就像愛是沒有國界的，把慈濟愛的種子帶過去，在加拿大的土地播種。」

「你們要自力更生、就地取材。師父給你祝福，讓你去發展。」

原本我要移民的想法很單純，但這席話啟發了我。上人的精神放諸四海皆準，我對慈濟很有信心。所以，就決定了，來做吧！做就對了。

我移民加拿大之際，慈濟海外分會只有美國分會，加拿大

則是一塊尚未開發慈濟志業的新大陸。

加拿大社會福利相當完善,不僅提供全民健保、公立學校實行十二年免費義務教育;不僅慈善機構多、捐款也多,對外國援助也總是慷慨解囊;當地志工也多,尤其在中學教育制度中結合了志工教育,高中生畢業前要當志工服務滿三十小時等。

加上生活環境佳,成為許多人的移民首選。八〇年代左右,就吸引一波香港人移民,之後臺灣的新移民也陸續到來。他們在移民前大多都有相當的社經地位,移民後出手闊綽,住大房子、過好生活。

但事實上,加拿大曾有過長達百年的排華血淚史,但在許多老僑(早年移民)的努力下,形象已稍有好轉。然而仍有不少新移民的行為,為當地居民帶來困擾,偶有排華情緒。

在這樣的社會文化背景下,我們還能做些什麼?這是加拿大慈濟發展之初的最大挑戰。我不斷思考上人說的那句話:「慈悲要有智慧,要多用心。」有光的地方,就會有影子存在,於是我們用心去找出那些黑暗的角落,提供服務。

知道我們能做什麼,這還不夠。我們接著思考,慈濟的本質和特色是什麼?如何與一般志工服務有所區別?

於是秉持「以人文關懷為本,用感恩、尊重和愛的態度與人交流」的原則,加拿大慈濟從開拓、生根到成長茁壯,我們實踐上人的話,讓自己的移民生活有了新面貌,改變了加拿大的一角,也改變了許多人的人生。

前言

學習與致敬——
馬偕醫師和利瑪竇精神

　　有一次我與幾位好友聚會，他們都是臺灣資深的醫師，席間我談到慈濟在加拿大的發展，從幫助兒童醫院、婦女醫院、社區醫院，支持癌症基因研究，之後推廣中醫進入原住民部落、社區義診、舉辦講座等等。二十多年來不曾間斷，初衷都是「我們想要回饋加拿大」。

　　席間一位好友施壽全醫師，當時擔任馬偕醫院院長，聽了我的描述後，他提起，一百多年前，馬偕博士（George Leslie Mackay）來到臺灣，展開傳道醫療的生涯，改變了臺灣的醫學與宗教環境，貢獻很大。

　　我不敢自比是「臺灣馬偕」，我們這群移民只是用回饋的心情，服務需要幫助的人。

　　一八七二年來臺的馬偕博士，出生於加拿大安大略省（Ontario），當時臺灣社會比起西方相對落後，來自先進國家的他具有文化優勢，可以為臺灣人民做許多事。

　　如今的加拿大已是世界一流的國家，不論在人民生活、經濟條件、社會建設、教育文化、環保各方面，都已經相當先進。來自臺灣的我們還能在這裡做什麼？這是一大考驗。

　　我喜歡研究歷史，尤其鍾情明代文化，數次舉辦萬曆時代的展覽。因此，我有機會認識利瑪竇（Matteo Ricci）這位西方傳教士。

　　他於一五八三年（明神宗萬曆十一年）到中國傳播天主教。在《利瑪竇中國札記》中記載著，他曾寫信給教皇，信中描述「中國是一個文明富庶的國家，人們衣飾華美，風度翩翩，百姓精神愉快，彬彬有禮，談吐文雅」，甚至稱讚「柏拉圖所說的理想國就在中國」。

　　利瑪竇口中這個「上帝光輝沒有照耀到的地方」，每個城市都很大，房子都很漂亮，像是一座很乾淨的大花園。

　　而利瑪竇當時對中國的驚豔，就如同四百年後我看到溫哥華這座花園城市時的感受一樣。

　　到了中國，利瑪竇如何推展天主教？他融合儒家文化和天主教精神，在獲得教皇同意後，改變了一些規則，像是同意教徒可以祭天、祭祖、祭孔，也就是我們俗稱的「利瑪竇規則」。

　　利瑪竇在中國贏得士大夫的認同，不僅僅是因為他帶來先

進的科技和個人淵博的知識，更因為他人品出眾，高尚的品德讓人打從心底尊敬。多年來，加拿大社會總是讚譽慈濟人「無所求的付出，卻總是感恩」的人格特質，我們也同樣贏得社會的信任。

如同利瑪竇，我們到加拿大弘揚慈濟精神，也要了解當地的規定與風俗，秉著佛教的入世精神，走入人群，適應社會。

加拿大的社會福利和慈善團體已經發展得相對完整，慈濟便採取和當地機構合作的方式來開展工作，既尊重當地的文化、也加入自己的文化特色——人文精神。不管是馬偕博士、利瑪竇，以及這麼多慈濟志工們跨越時間與空間，證明了人們無論到任何地方，都可以用感恩、尊重、愛來回饋所在的這片土地。

愛是沒有國界的，
把慈濟愛的種子帶過去，
在加拿大的土地播種。

2019年，參與麥克默里堡（Fort McMurray）的小學捐贈「領導潛能」計畫（The Leader in Me），
全校師生自製布條列隊歡迎我們。（照片提供／加拿大慈濟分會）

師父與我，就是緣

擔任榮董召集人初期，與上人、高信疆（左三）共同討論《靜思語》出版發行事宜。（照片提供／何國慶）

慈濟護專開幕典禮過後，上人對維持現場秩序的「保全組」談話，之後正式命名為「慈誠組」。（照片提供／何國慶）

2007年，本拿比市長高力勤（Derek Corrigan，左二）帶著慈濟日證書贈送上人，與本拿比志工邱桂秋（右二）、周進隆（右）合影。（照片提供／加拿大慈濟分會）

加拿大高中教材中，由牛津大學加拿大印刷公司發行《世界接觸——二十一世紀的地理》（Global Connections Geography for the 21st Century）書中介紹證嚴上人。（照片提供／加拿大慈濟分會）

因為認同，獲得省督支持

1994年2月30日，卑詩省督林思齊邀約慈濟志工至省督府共同茶敘。
（照片提供／加拿大慈濟分會）

1993年12月10日，卑詩省督林思齊來分會捐贈榮董，當場簽下支票，成為第一位榮董省督。
（照片提供／加拿大慈濟分會）

2017年，在女王劇院舉辦加拿大慈濟25周年慶，前省督史蒂芬・波因特（Steven Lewis Point）伉儷起立帶動大家鼓掌。
（照片提供／加拿大慈濟分會）

2018年8月9日，受邀至卑詩省督府，與現任省督珍妮特・奧斯汀（Janet Austin，左三）邀約茶敘。
（攝影／吳群芳）

食物銀行，服務的起點

素里食物銀行前執行長羅蘋・坎貝爾（Robin Campbell，中）與志工們開心擁抱。（照片提供／加拿大慈濟分會）

2010年6月23日，志工們於素里食物銀行準備物資發放，長期服務從未間斷。（攝影／吳群芳）

2016年10月30日，素里遊民之家進行冬令發放，為現場等候的街友們提供星巴克咖啡，讓大家樂開懷。（照片提供／加拿大慈濟分會）

老吾老，以及人之老

2012年，於溫哥華區小山養老院服務，志工們準備的慈濟特餐，深受老人喜愛。
（攝影／罕佳慧）

在小山養老院，兩位90歲的老志工共同為105歲的老人家慶生。
（照片提供／加拿大慈濟分會）

2017年6月29日，我們在溫哥華市華宮養老院已經服務25年。恬妮師姊（站立者）正在為老人理髮。
（攝影／吳承治）

幼吾幼，以及人之幼

溫哥華基督教女青年會瑰柏翠之家（YWCA Crabtree Corner）發放文具，小女孩有了新背包與文具。（照片提供／加拿大慈濟分會）

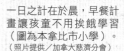
一日之計在於晨，早餐計畫讓孩童不用挨餓學習（圖為本拿比市小學）。
（照片提供／加拿大慈濟分會）

溫哥華慈濟人文學校開幕，除了教導繁體中文，也教靜思語，落實上人「環境教育」的理念。
（照片提供／何國慶）

人醫，讓傳統醫學綻放

1996年，慈濟傳統醫學中心開幕，省督、省長、衛生廳長、溫哥華總醫院院長蒞臨剪綵。（照片提供／加拿大慈濟分會）

2000年，捐贈癌症研究機構，由諾貝爾化學獎得主麥可‧史密斯（Michael Smith，左）代表接受。（照片提供／加拿大慈濟分會）

2016年9月3日臺灣文化節中醫義診，溫哥華市區的固蘭胡街（Granville Street）搭起長長的兩排帳篷。（攝影／吳群芳）

2018年8月16日於海鳥島（Seabird Island）第四次義診，會場共有8位慈濟大學中醫系學生見習。（攝影／吳群芳）

2017年5月9日，於蘇莫納部落義診，擁有原住民血統的針灸師瑞秋‧埃尼（Racheal Eni，右）正在為病人把脈。（攝影／吳群芳）

做環保，從愛人到愛地球

早期到華埠掃街，不論大街小巷，即使鮮少人注意的牆邊水溝，我們都仔細清理乾淨。
（照片提供／加拿大慈濟分會）

2018年7月8日，我們在素里掃街持續十多年，街道上掛牌寫著「由慈濟認養」。（攝影／吳群芳）

不分男女老少，大家上街頭做環保，熱心不落人後。（攝影／吳群芳）

楓葉旗，四海飄揚

臺灣發生921地震後，加拿大慈濟分會立即總動員，志工們在街頭上全力為賑災募款。（圖片提供／加拿大慈濟分會）

1999年，臺灣發生921地震，志工黃晴雯（持麥克風者）訪問當時擔任亞太事務部總書記的華籍內閣官員陳卓愉（後任多元文化部長），呼籲踴躍捐款。（照片提供／加拿大慈濟分會）

David Mulroney, right, director of the Canadian Trade Office in Taipei, hands over a check to Gary Ho of the Canadian chapter of the Tzu Chi Association. The donation, amounting to C$50,000 (NT$1.07 million), was given in gratitude for the Buddhist group's post-quake relief efforts.
— AKIE ANG, THE CHINA POST

加拿大駐臺北貿易辦事處代表大衛·馬爾羅尼（David Mulroney）代表加拿大政府捐贈加幣十萬元支援臺灣921震災。（翻攝自《The China Post》1999年10月20日）

臺灣921震災後，加拿大慈濟人在南投協助建造大愛屋。（翻攝自《加國慈濟行》佛教慈濟功德會加拿大分會千禧特刊）

我到江西參與慈濟賑災,看到現場斷垣殘壁,即使環境惡劣,但居民們仍懷抱希望。(照片提供/何國慶)

2005年,加拿大志工響應本會呼籲,前往斯里蘭卡參與賑災的物資發放。(照片提供/加拿大慈濟分會)

2012年,美國桑迪颶風造成重大損害,同樣位於北美地區,美國、加拿大分會總能以最快的時間相互支援,進行發放工作。(照片提供/加拿大慈濟分會)

慈濟捐贈海地聖恩修女會女子秘書學校,於2013年啟用。(照片提供/加拿大慈濟分會)

用回饋，獲得認同與尊重

2004年4月，UBC校長瑪莎・派珀（Martha Piper）帶領副校長和院長來訪上人。（照片提供／加拿大慈濟分會）

輪椅上的市長蘇利文（Sam Sullivan）與慈濟關係友好，2005年被選為卑詩省溫哥華市長，也是第一位會說中文的市長。（照片提供／何國慶）

2019年7月，卑詩省長賀謹（John Horgan）再訪慈濟，前排有兩位臺籍女士（右二、左三）為省府廳長。
（照片提供／加拿大慈濟分會）

2017年4月29日，甘露市（Kamloops）森林大火慈濟中醫義診，國防部長石俊（Harjit Sajjan，左二）雙手合十，公共安全部長雷夫·古德爾（Ralph Goodale，左）與攝影志工吳群芳握手。
（照片提供／加拿大慈濟分會）

2012年12月12日，時任移民部長的傑森·康尼（Jason Kenney，右）陪同，在總理辦公室由總理史蒂芬·哈珀（Stephen Harper，右二）頒發女王鑽禧獎給我。
（照片提供／加拿大慈濟分會）

2019年，麥克默里堡市長唐·史考特（Don Scott）頒發市政鑰匙。
（照片提供／加拿大慈濟分會）

慈濟就像地底下的一股清流，無國界流動，
如同愛也是沒有國界的。

我的移民人生，因緣慈濟而改變。2017年，我受邀在溫哥華靜思堂舉辦的公民宣誓會
分享「付出還要感恩」的慈濟人故事。（攝影／吳群芳）

第一章
人生篇：
因緣慈濟，開啓人生新頁

 緣起

一九九二年加拿大慈濟基金會成立至今，已經超過四分之一世紀，一萬多個日子。

大家都懷著感恩，發心布施，也誠如師父所說的「愛心無國界」，從幼童到近百歲的耆老，不分年齡，攜手相伴於各個志工站，以慈濟的人文精神改變加拿大社會的一角，創造了「付出還要感恩」的志工文化。

上人說：「加拿大（分會）是創造奇蹟的大本營。」

在太平洋的另一端，加拿大慈濟分會是如何在這個如詩如畫的北國開花結果？而這些志工如何做到數十年如一日，無怨無悔的以感恩滋養服務？志工們的動能到底源自何處？放眼未來，加拿大慈濟的夢想工程又是什麼？

這一切都得先從一九八六年說起……

01〉因為認同、發心支持

響應老友募款，我成為慈濟榮董。
與上人、慈濟結下不解之緣。

我與慈濟的緣分，要從一九八六年說起。有一天，我太太在臺北街頭巧遇老同事余珮怡。她當年是房屋銷售高手，業績很好，也很有個性，是大家公認的「女強人」。兩人聊起天來，我太太發覺，她的言語談吐像是變了一個人似的，臉上表情很溫和，講話變得很溫柔又慈悲，說著說著，竟然就哭了。

我太太就關心的問她：「妳怎麼了，還好嗎？」小余這才說：「我正在幫一位師父的忙，這位師父真的很偉大……」她說，這位師父現在剛蓋好醫院，但院內的設備和經營都需要更多善款捐助，一般病房三十萬元，小兒病房一百萬元。當時我的小兒子才三、四歲，我太太心想，那捐個小兒病房好了，後來才知道捐一百萬元就會成為榮董。

事後，我太太告訴我，「我幫你捐了一筆錢給一家佛教醫院，醫院就蓋在花蓮。」還接著跟我說：「你當上榮董了！」

我一聽，就回她：「喔！什麼是榮董？」

後來，太太才慢慢說明，街頭巧遇小余在幫一位師父蓋的醫院募款……聽到在花蓮的這家醫院已經蓋好，這點讓我覺得比較值得信任，而醫院蓋好了要有各類病房，包括必要的小兒

病房，如果捐點錢能有幫助並非壞事。

　　不過，我也心想，這位師父把醫院蓋在花蓮，看來沒有市場行銷（Marketing）概念，畢竟花蓮人口這麼少，那裡已有花蓮省立醫院（現衛生福利部花蓮醫院）、八〇五國軍花蓮總醫院（現國軍花蓮總醫院）和基督教門諾會醫院，地大人少的地方這麼多醫院，以後怎麼經營啊？

　　因為前同事募款的緣故，我們夫妻從此成為慈濟會員，固定每個月捐錢。當時，每個月都由喬秋萍師姊來收會費，我總是請家母轉交，假裝我們不在家。她也總是收完錢後就回去，從不多言。我心裡想著：「喬師姊還不錯，沒給我們壓力。」

蓋醫院只是開始

　　直到醫院落成後舉辦一周年慶活動，喬師姊邀我們一起去花蓮走走。剛好我太太有個好朋友住在花蓮，一直邀我們去，我們就想見見朋友，也順便看看醫院。

　　到了花蓮慈濟醫院現場，參與活動的人很多，相當熱鬧。典禮開始後，我太太擔心孩子坐不住，先帶著孩子離開會場，留下我一個人。我環顧四周，其他榮董年紀都比我年長許多，當時四十歲的我，應該是當中最年輕的企業家，又被安排坐在第一排，實在有點不自在。

　　等到上人上臺說話，我不安的心才慢慢沉靜下來，也從他的談話中感悟到眾生平等，坐在什麼位子根本不值得計較。

　　上人針對創建醫院的整個過程、未來的展望，都有詳盡的說明。這家偌大的醫院是集眾人之力而成，現在只是開始，未來還有很多事情需要群策群力。在這段談話中，我才逐漸了解，哇！原來慈濟做了這麼多不欲人知的好事，像是為照顧窮人，醫院不收取保證金等等，都是很基本，卻很偉大的事情。我對慈濟的認同感也逐漸加深。

目標一個接著一個

　　一九八七年，慈濟第一次榮董會在臺北和平素菜館舉行。當年我和妻子、大兒子一起坐在現場聆聽上人和幾位師姊談話，提到他救苦救難的初心，我們年輕的心受到很大的感動和衝擊。

　　當時才小學四年級的兒子，因為感動，突然鼓起勇氣說，要捐出自己的存款兩萬元來做好事。身為父母的我也受到孩子的回應所感染，當下再捐兩個榮董。

　　經過這次的榮董聯誼會後，我每個月都到臺北市長安東路的會所聽上人講話，也開始投入慈濟的許多事務。

　　有一回，聽上人提到想要蓋靜思堂。我心想，「哇！上人的心還滿大的，才剛辛苦的蓋完醫院，又要大家去募款。」

　　那時上人說，他什麼都沒有，但是他有信心、毅力和勇氣。

　　有人就問：「師父，那錢在哪裡？」

　　上人總說，他相信我們，「錢就在你們口袋裡面。」後來我明白了，就是《靜思語》中的「信己無私，信人人有愛」。

於是，靜思堂動土後，接著又要成立慈濟護專、慈濟大學和醫學院，從幾億元、到十幾億元的目標，一個接著一個。

　　蓋慈濟醫院之初，募款實在不易，等到蓋好醫院，原以為就能休息了。但是如果真的因此停下來，沒有下一個目標，慈濟的發展可能也就因此停滯。所以，上人不斷給我們接下來的目標，每次的擴展都會有新人加入，帶來更多人才。以目標帶動發展，慈濟人也就越來越多。

02〉榮董聯誼會

不分榮董和志工，對成員們平等對待；
師父用身教言教，不因捐錢而覺得自己偉大。

早年靜思精舍還沒有宗教室的組織架構，所以上人創設「榮董聯誼會」來推動會務，積極舉辦鼓勵大眾參與的大型活動，讓更多人能了解上人的理念。

四十年前，上人呼籲各界共同建設慈濟醫院，獲得很大的回響。那時能捐出臺幣一百萬元，就是個不得了的數目，所以上人說：「我實在很感恩許多發心的大德，因此給予捐款人最榮耀的名稱『榮譽董事』（以下簡稱榮董），表達我的感恩，並以慈濟榮董的善行義舉作為大家的典範。」

榮譽董事要容易懂事

「慈濟榮譽董事」是為了表達對捐款者的感謝，但這不只是一份榮譽的職務，上人對我們還有更深的期待：「榮譽董事」就是「容易懂事」——懂事的人不會因為捐了錢，就覺得自己很偉大，而是更能了解人世間的道理。

第一任的榮董召集人是紅牛奶粉創辦人曹仲植，他說，以前每年冬天都要請公司員工出去找需要幫助的民眾，對上班族來說，實在不是一件容易的事；但有了慈濟後，就可以放心的

把錢捐給慈濟，真正用在需要的人身上。他很感謝上人，能幫他把錢用在對的地方。

聽了這番話我才明白，善門難開，原來「付出還要感恩」。

早年大多數榮董都擁有豐富的社會經驗，不乏大老級的企業家，像李爺爺（基業海運創辦人李宗吉）、洪老典（嬌聯與脫普聚益企業創辦人）等人。而曹仲植老先生就像我們這列「榮董列車」的火車頭，李爺爺在車尾推我們一把，其他人則在中間負責執行各項對外活動。

記得剛進慈濟那幾年，精舍還沒有現在的規模，中庭搭著塑膠棚，如果舉辦活動聚會，不管是榮董或志工都是以便當簡單果腹，就坐在臺階上吃飯。當時曾有一家香港雜誌社前來採訪，看到這個場景，報導便寫著：「……由此可見這個團體對於所有成員都是平等相待。」

任榮董召集人學演講

一九八八年，我擔任榮董召集人，在其他資深榮董、委員、師兄們的協助下，一起積極推廣慈濟的理念。我們也參與新聞局、勞工局舉辦全臺巡迴的「幸福人生講座」。

在一九九〇年八月二十三日那天，上人在臺中新民商工（編按：已改制為新民高中）的演講中，鼓勵大家「用鼓掌的雙手做環保」，成為慈濟「做環保」的濫觴，也開啟了慈濟守護大地的開端。

　　之後，榮董會又在臺北世貿大樓舉辦千人素宴，活動圓滿落幕後，我記得上人說了：「功德無量」，讓這麼多參與者都很感動。

　　之後榮董聯誼會又陸續參與很多活動，像是一九九一年的大陸華東大水，這是上人第一次面臨這麼大型的賑災活動，需要投入不少費用，我就去臺北市建築公會常務理事會上募款，得到莊南田理事長和理事們的支持，共募得四千多萬元。後來又舉辦「珍情畫意・擁抱蒼生」的書畫珠寶義賣，都得到各界的支持。

　　現在回想起來，那時候慈濟還沒有完整的行政職工架構，不像現在有那麼多人在志業體，上人卻能放手讓榮董聯誼會推動會務，大家還是做得滿心歡喜。印證了上人「以愛來管理，自己推動自己」的理念。

　　而我在開始協助推動會務之後，突然增加許多需要上臺當眾講話的機會。一開始，每次聽上人說話，我都習慣坐在聚會場地的後排，但上人每次講完都會點名我，說：「何居士，你上來講講。」

　　其實我並不是沒有自己的想法要和大家分享，只是每次被叫上去，都會突然腦袋空白，不知道要講什麼！為此，我報名洪建全基金會開的演講法課程，當時是由企業講師陳怡安老師負責授課。這五天四夜的課程對我頗有幫助，從此不再視上臺講話為畏途。

透過學習，我才知道，演講就是講自己知道的事情、你所做的事情，就這麼簡單。這和師父每次提醒，「說你做的，做你所說的」想法，不謀而合。

03 〉慈濟護專開校典禮

符合「國際水準」的典禮，
原來不是排場大，而是活動有秩序和氣質。

上人說：「做中學，學中覺。」他也透過舉辦很多活動來教育我們。

一九八九年，我受到的第一個「震撼教育」，就是被指派擔任慈濟護專創校典禮召集人。上人期許創校活動要有「國際水準」，於是我和其他二十位副召集人，與十幾位資深師兄姊一起召開籌備會。

體悟主持人只是協調者

會議上，我自覺條理分明、巨細靡遺的轉述上人的理念，第一條、第二條、第三條……洋洋灑灑，為了展現「國際水準」的氣勢，我想如法炮製過去賣房子的宣傳手法，將旗幟、大型指示牌從花蓮車站一路拉到會場，彩帶、氣球也從花蓮機場一路飄揚到會場，典禮當天再租個直升機空拍。

我心想，這樣絕對符合「國際水準」吧！但這個構想一提出後，不但沒有聽到讚美聲，還飽受批評，這不行那也不行。

臺上的我嚇一跳，心想：「我是新來的『志工』，而且第

一次主持這樣的活動，師父不是教導每個人都要謙虛、要感恩嗎？現場參與的師兄姊資歷都比我久，不是應該感謝我主持嗎？怎麼如此不留情面？」

於是我轉過身，把原本寫在黑板上的提案都擦掉，一邊擦一邊想：「怎麼會這樣？」隨後想到上人常講的「慈濟四神湯」：「知足、感恩、善解和包容」。隨著擦黑板一來一回的動作，我心裡想：「他們是捐錢的人，也是志工，因為每個人的行業背景都不同，對事情的看法難免不同，但是大家想把事情做好的心情都是一樣的。」

擦完黑板，我也想通了，於是轉過身來，微笑著伸出手，對著臺下的榮董說：「剛剛您的意見很好，請您再多說一些好嗎？」接著又詢問其他人：「大家覺得這個構想怎麼樣？」再接著問下一個人：「妳的意見是什麼？」

一一詢問大家的想法後，會議氣氛越來越融洽，也針對流程安排工作與分工，同時成立了接待組、文宣組、保全組、交通組、機動組等，各組自行承攬工作。

結果，那天來賓、會員超過兩萬人，人潮湧現，但在保全組等師兄、接待組委員師姊的感恩微笑引導下，典禮十分成功，整個過程氣氛都很好。

我也明白了師父說的「國際水準」，是「活動秩序和氣質」要有國際水準，進出場要有條不紊、很安靜，活動程序要順暢且大家面帶微笑，而不是要有旗幟、彩帶和氣球的「大排場」。

不再只是「花蓮」的慈濟

這次經驗對我個人和後來會務的推展，帶來很多改變。這次典禮最成功的一點，是我聘請到高信疆先生來擔任文宣公關顧問，並且完成《靜思語》。那一年幾乎所有新聞人、文化學者都認識了慈濟。

我當時也擔任文宣組工作，邀請高信疆一起製作慈濟的摺頁文宣，並贈送與會的兩萬名來賓，每人一本紀念版的《靜思語》，大家都很喜歡，還加印兩萬本再贈送給眾慈濟人。而由高信疆作詞、史擷詠作曲的護專校歌，也受到師生喜愛，在典禮當天感動了許多人。

慈濟護專的開校典禮，為慈濟創造了許多「第一次」。

第一次，全臺灣媒體都開始關注慈濟。各家報紙、雜誌，都以全版或滿版的篇幅報導相關活動，可以說，那一年，全臺灣都看見了慈濟——「花蓮的慈濟」變成「全國的慈濟」，成為家喻戶曉的全國性團體，這對於地處臺灣後山的花蓮慈濟來說，是前所未有的曝光。

第一次，上人聽到歌聲雄壯的功德會歌。典禮過後，上人前往臺中，保全組志工也跟著過去，大家一起唱完慈濟功德會的會歌時，上人有感而發，這是生平第一次聽到這麼多男眾護法金剛雄壯的歌聲。上人也指示，保留此一編制，隔年，更親自命名為「慈誠隊」。

第一次，慈濟公開發行出版品，也就是《靜思語》。這是我邀請高信疆擔任主編，將上人的談話收集編纂而成的書籍。這本書是上人智慧之語的精華，奠定了慈濟的理念根基。當時我和高信疆想了十來個書名，最後，我題名為《靜思語》；發行後長踞出版銷售排行榜第一名，至今已經翻譯成二十三種語言，銷售超過八百萬本。

　　第一次，上人有了自己的錢。我還記得，那一年的慈濟歲末祝福晚會時，上人說他生平第一次有自己的錢，這筆錢是來自《靜思語》的版稅。於是他發給我們每人六十元紅包，金額雖然不多，卻蘊含著讀者們對上人理念的認同與感謝。我緊握著紅包，感到非常榮幸，獲得極大的鼓舞。

第二章
移民篇：
上人的話，在加拿大實踐

 緣起

　　加拿大是一個全民志工的國家，根據volunteer.ca的統計資料，加拿大有三千七百多萬人口，每年有超過一千兩百七十萬名的志工，將近總人口的三成左右，每年平均志願活動達一百五十四小時，共計提供超過二十億小時的志工服務。

　　這樣的志工文化是從小培養而來的，加拿大從中學就進行志工文化教育，更將志工服務列為「必修課」，必須服務滿規定時數才能畢業，「當志工」也形成長期以來的社會習慣。

　　當地已經蓄積了這麼龐大的志工能量，「加拿大慈濟分會還能做什麼？」是我們每天思考、問自己的問題。於是，我們一步一腳印，找到需要幫助的人。

近三十年來，我們的影響既深且廣，不只遍及加拿大本地的社區、組織、社群和族裔，只要到加拿大旅遊的華裔人士遇到突發狀況，慈濟都會出面協助。

此外，由於慈濟做的事情獲得加國市、省、聯邦三級政府的認同，透過經常參加慈濟分會的活動，我們的政府官員見到很多平常難得交流的加拿大官員，慈濟提升了加拿大人對臺灣的認識與好感。慈濟與加國政府的互信關係成為被社會肯定與尊敬的基礎，這樣的氛圍不只存在於加拿大的各地方和省府，也擴及聯邦政府。

04〉自力更生、就地取材

腳踩人家的地，頭頂人家的天，

新移民不能只是去享受好山好水。

我移民到加拿大溫哥華之初，人生地不熟，便依照上人的鼓勵：「信人有愛、信己無私」，以及「自力更生、就地取材」。我先對身邊幾個朋友介紹臺灣慈濟做的事，再請他們代為邀約

其他朋友，透過「家庭茶會」的方式，開始募集有相同理念的志工。

第一戶拜訪的是住在高貴林市（Coquitlam）的李永祥，當時我住在溫哥華市，到高貴林市有一段距離，雖說人生地不熟，但與李永祥見面後感覺很好，他願意發心一起來支持慈濟在加拿大展開工作。

第一個好彩頭令我很受鼓舞，接著去本拿比市（Burnaby）拜訪張健治、陳麗玲；然後在各地陸續舉辦家庭茶會。我們的團隊，是我、慈愉師姊和一位慈青李姿瑩的三人組合，有人打趣說就像「那卡西」（走唱藝人）一樣，到處巡迴表演。就這樣，大溫地區各大城市開始有了慈濟委員，這些從臺灣來的企業家，本來都僅單純地想來享受好山好水，但均願意從零開始，一起構建加拿大慈濟。

那時還沒有大愛電視臺，出版品也不多，憑著的就是師父的理念。我把在臺灣看到慈濟對臺灣的貢獻，還有上人在我出國前說的那些話分享給大家，主要就是那句話：「你要回饋才能贏得人家的尊敬」，我說：「回饋，利益加拿大人；贏得尊重，利益新移民的我們」，大家覺得上人的說法非常有道理，陸續決定加入。

獲得臺灣移民支持

想做好事，需要人，也需要資金。

在溫哥華拓展慈濟的蓽路藍縷期，需要找人，也要找錢。盡最大的努力來募款成了我的首要工作。

那時候來溫哥華的臺灣移民經濟不錯，也是做建築的朋友梁德煌，他和妻子都加入慈濟，他們提出以榮董的方式著手，我覺得這個想法很不錯，就開始募集榮董。當時加幣對臺幣是一比二十，我們以一個榮董五萬加幣募款，一九九二年底榮董數就達到二十位。

一開始成為榮董的人都是來自臺灣的鄉親，所謂「走過必留下痕跡」，即使大家不認識我，但由於大家知道慈濟在臺灣的所作所為，稍微打聽一下，也可以知道我一路從臺灣到加拿大推廣的理念，很快的就得到許多人支持和認同。

我幾乎網羅了所有加拿大建築業的臺灣友人加入慈濟，一九九五年達到第一個一百位榮董數，慈濟加拿大分會雖然起步不是最早，卻是當時慈濟全球分會中榮董數最多的。

首次募款餐會回響大

我們第一個周年慶在溫哥華萬國廣場（Plaza Nation）舉行，辦了一百桌募款餐宴，那時候很多人對於這場千人宴都大為吃驚，說：「怎麼可能？你們才剛移民來，慈濟才剛起步啊！」

第二次大型活動是一九九六年，為了推動傳統醫學而舉行募款晚宴。在溫哥華市中心凱悅飯店（Hyatt Vancouver）同樣席開一百桌，一個人加幣一千兩百元！又再一次震驚了華人社群。

　　願意一次掏出加幣一千兩百元的人雖然不少，但有些人仍感受到很大壓力。所以我主動提議，這一千兩百元可以分期一年，每個月只要一百元，這樣的方式更為親民，也不會造成捐款人太大的金錢負擔，這樣一些中產階級也樂意加入慈濟，一起做公益。

　　卑詩省最大的慈善團體中僑互助會的主席樂美森，他和我坐同桌，他笑說，自己參加過加拿大許多募款活動，就算是名氣響噹噹的中僑互助會，也從來沒有見識過這麼大的募款能量。

　　那時是加拿大慈濟榮董加入的巔峰期，目前累積近五百位榮董。

　　我們和西方的募款不一樣：西方捐這麼大的數字都要先寫清楚會給予什麼榮譽和回饋，例如，公開獎勵或頒發刻上名字的牌匾、獎章，甚至可能還舉辦記者招待會宣傳；我們捐款加幣五萬元，會發給一張榮董證，並在溫哥華慈濟辦公室的榮譽牆上寫上榮董的名字，最大的榮耀是能回臺灣由上人親自授證。

05〉如何回饋？

做中學，學中覺。

當志工是做本分，付出無所求還要感恩。

慈濟四大志業、八大法印的中心思想是以人為本，所以我們在加拿大的服務，主要關懷對象便是老人、學生、病人、災民、遊民、原住民、地球。

我們回饋的第一個原則是「與人為善」，跟當地的機構合作。比如養老院、大學、醫院、食物銀行、救世軍、教育局等。我們想幫助老人，但不是非得要自己開設養老院；我們想幫助遊民，不需要自己去組織食物銀行；我們要幫助病人，就直接幫醫院更新設備，用類似這樣的方式來與人合作，服務最需要幫助的人，以人為本。這些年來，慈濟跟很多單位合作，真正的融入當地。

第二個原則就是「慈悲要智慧，多用心」，而且要「知己知彼」。我們跟機構合作的時候，會主動前往拜訪，了解對方的需要，也邀請他們來分會了解慈濟，透過雙方的交流產生共識，我們就能找到他們真正的需求，就能有智慧的幫助。這也是上人說的人文精神，要互相尊重。

第三個原則是上人說的「發心如初，成佛有餘」，也就是不忘初衷。假如接下了一份工作，我們就會一直努力的堅持做

下去。比如食物銀行，從一九九二年開始服務，直到現在；再說到養老院，也是從一九九二年開始，未曾停歇。我們後來也成為這些合作機構的忠實夥伴。

原則確立後，接下來的問題是——我們得找出哪裡需要幫忙。雖然也有人主動來找我們協助，但那只是多一個選擇。我們得要時時思考怎麼把善款捐出去、捐給誰？如何運用這些資源回饋社會？同樣也要找出可以提供志工服務的地方。

長期穩定的夥伴關係

我們以各地的志工站為服務據點，目前在全加拿大，固定服務的志工站有八十幾個，其中養老院三十七個，食物銀行二十個，提供中小學早餐的學校有十四間、醫院及衛生機構二十四所、義診醫療點七處，以及人文學校八所。在這些遍及全加拿大各地的站點、場所、機構，都可以看到穿著慈濟制服的志工身影。

慈濟志工們參與當地的食物銀行、救世軍、各地的養老院、學校，以及掃街活動等，只要做滿五十小時後就可以領取志工證。可喜的是，我們在加拿大地區的志工都是長期且穩定的配合服務，大家「做中學，學中覺」，很多機構和我們合作之後，從互動中看到我們志工的穩定性、專業與親和力，對慈濟這個團體印象很好，很喜歡和我們一起合作。

當然起初有少數團體的工作人員會對志工有所挑剔，但後

來也都受到我們的態度所感動,進而改觀。我想,這得歸功於志工們都「無求於人」,我們深信自己已有很大的福報,所以付出是使命、是職責,就是抱著一顆純粹、真誠且充滿感恩的心。加上我們在服務之中還展現出人文關懷,更與許多團體組織建立起深厚的情誼。

配合政府的志工要求

一般人或許不知道,在加拿大想從事志工工作,即使只是當愛心媽媽,也要去警察局申請「良民證」。為了做服務、做好事,還要出示「良民證」,也太麻煩了吧?

事實上,當地很多機構只能依良民證來確認志工是否有犯罪記錄,防患於未然。所以,我們在加拿大的各項服務活動,都務求遵守加拿大政府的規定。

在臺灣,時常會看到街頭義賣、園遊會形式的募款或發放活動,會場有許多攤販、小吃等,這在加拿大並不常見。按照加拿大法規,會接觸到食物的志工,要先上過食物安全(Food Safety)的相關課程;若是負責烹調食物的志工,更必須取得證照。要在街頭煮食,除了得事先向相關單位申請許可,還得依照一般室內合格餐廳的檢驗標準接受衛生官員檢查。

甚至包括我們志工到養老院服務前,也要先上過院方安排的志工課程,像是輪椅要怎麼推,如何照顧老人家;還有嚴守身體界線,不能隨意碰觸別人身體等等,這些細節都要留心,

服務志工都要經過學習後才能上線。

即使符合這些規定後，還有另一個難關。像是一開始我們想到溫哥華的食物銀行當志工，卻不得其門而入，食物銀行表示不缺人手。我們不放棄，每週捐款，並且提議購買新鮮蔬果，最後終於得以進入溫哥華唐人街的食物銀行站點服務。志工們笑容滿面，協助領取者推車、拿取物資，原本面無表情的人們，也被志工的熱誠感動。

由於我們用心，溫哥華食物銀行的執行長，後來轉任本拿比醫院基金會（Burnaby Hospital Foundation）董事長，聽到我們也在本拿比醫院當志工，開心的說：「哇！又碰到慈濟，太棒了！我很放心。」

人人搽上「慈濟面霜」

過了一陣子，溫哥華食物銀行推薦我們到加拿大東岸擔任食物銀行志工，也因為信任慈濟，進展得很順利。之後與救世軍（Salvation Army）合作，他們同樣放心。

但與救世軍合作為街友服務的情況，礙於對方是基督教團體，如何接受佛教徒來為他們煮飯？同樣的，我們表示完全按照他們的方式，誠意與用心終於獲得救世軍所接納，長年合作為街友煮食、發放。

有一次，溫哥華地區舉辦飢餓救濟（Hunger Relief）募款餐會，主辦單位請來當地的名廚操刀料理，我和十九位師姊買票

贊助。

活動結束時主辦單位一位女士來謝謝我們，並好奇問我，為什麼您們的女士，看起來那麼優雅（Why your ladies look so elegant?）。

我笑回：「因為我們都搽了慈濟面霜啊！」

她一聽，煞有其事的問我：「哪裡買？我要買一箱！」

我笑著告訴她，慈濟面霜的成分就是：「知足、感恩、善解、包容」，把它搽在臉上，自然優雅。

06〉心轉念轉事情轉

不要只想著改變別人，

大家願意出錢又出力，就應該感恩。

　　我和我太太追隨上人的腳步，決心把慈濟的初心和精神帶來加拿大，在分會初創階段，我們總將師父所說的「你要感恩人家」，牢牢印記在心裡，並以此作為核心價值和精神目標。

　　看到分會志工越來越多，而且凝聚力、行動力驚人，曾有人問我：「哇！你師父一定給你很大的權力，來帶領這麼多人。」但我回答：「這些人不但捐款，還要做志工、又要募款，他們才是老闆，我真的心懷感恩。」事實上，這些志工的力量都是來自上人的話：「以愛來管理，自己推動自己。」

執行長的意見照樣被否決

　　成立加拿大慈濟基金會後，我一直有個夢想，希望有朝一日可以在溫哥華最知名、可容納兩千五百人左右的伊莉莎白女王劇院（Queen Elizabeth Theatre，簡稱QE）辦活動。這就像音樂家能在臺北的國家音樂廳舉辦活動一樣，是一個目標。

　　雖然我力推這個想法，但幾次開會討論，總有人表示人力不足、有人則詬病花太多錢、有人擔心兩千五百個位置很難坐滿，最終都被否決。到了第十年，記得當年夏天前的會議上，

大家終於同意了，我好高興。

隨後我返臺處理事務，過完暑假回來一看，啊！怎麼又被否決了？雖然不免失望，但也沒有怪罪別人，我調整自己的心態，這表示大家認為做這件事的時機未到。

又例如，有一次舉辦周年慶募款餐會，我剛從臺灣回加拿大，去看場地時，桌子都已經擺好了。我覺得最後幾桌離舞臺有點遠，就跟一位師兄講，請他把後面幾張桌子擺到樓上，這樣比較靠近舞臺。

那位師兄看了看，說：「我覺得原來這樣子比較好。」我心想：「我不是CEO嗎？怎麼連說要搬個桌子人家都不聽啊？」

用感恩心轉念釋懷

當下我轉念一想：「對喔！大家已經規畫這場活動很久了，我有兩個月時間不在，一來就指手畫腳，不太恰當。應該要先感謝大家在我缺席時仍持續為活動努力，況且我的想法不見得就一定是對的，桌子搬到樓上可能會影響其他技術或布景問題。」這樣一想，自己就釋懷了。後來活動順利舉行，相當成功，皆大歡喜。

放眼溫哥華，有這麼多華人肯出錢又肯做事，而且還是長期持續的做，真的相當難得，我都要珍惜，更要感謝。不要只想改變他人，而是要自己去化解、去接納，老是看著別人的缺點，是沒辦法與人共事的。每每透過「感恩」、「善解」來轉

變思維，學習看對方的優點，總能讓事情獲得轉機，讓環境氣氛也跟著改變。

　　二〇一七年，加拿大慈濟二十五周年慶在女王劇院舉行，我終於如願。那天全場座無虛席，當地三級政府官員、議員、合作機構都來了。我注意到他們都不時往後看，驚嘆慈濟志工的動員力與向心力，我們也現場演繹了《無量義經》，讓全場都相當感動。結束的時候，前省督史蒂芬・波因特（Steven Lewis Point）與夫人起立鼓掌，甚至轉頭帶動現場所有觀眾站起來鼓掌。散場後，師兄姊們也都依依不捨，我們終於圓滿了這場周年慶。

07〉 卑詩省督林思齊成為榮董

省督林思齊成為慈濟榮董；

他一年演講三百場，一半以上都提到慈濟。

在我們募集的榮董中，讓我印象最深刻、最感動的是卑詩省省督（Lieutenant Governor）林思齊（David See-chai Lam）的加入。他的大力支持，代表主流華裔人士對慈濟的肯定。

出生於香港的林思齊，是虔誠的基督徒，也是加拿大知名商人及慈善家，後擔任加拿大立國以來首位華人省督。他在四十四歲那年放下香港的事業，帶著加幣六萬元和妻女一起到加拿大闖天下，之後建立起成功的地產王國。

備受加拿大社會尊敬的林思齊，一九八八年榮任省督。曾是英國殖民地的加拿大，現為大英國協王國之一。省督是英國女王在加拿大卑詩省的元首，是具有儀式性和象徵性的職位。雖然沒有實質的行政權力，但地位相當崇高。

林思齊和夫人陳坤儀樂善好施，熱心捐款，並支持文教發展。他總說：「從小母親就教導我，口袋裡有二毛錢，要捐出去一毛。」

他自己就捐贈給英屬哥倫比亞大學（University of British Columbia，以下簡稱UBC）一棟林思齊進修中心（David Lam Learning Centre），之後邀請四位華人朋友共捐贈了：Chan表演

藝術中心（Chan Centre for the Performing Arts）、Liu全球問題研究所（UBC Liu Institute for Global Issues），星島大樓（Sing Tao Bldg）、亞洲研究中心（Asian center），蔡章閣樓（C.K. Choi Building）等四棟大樓，讓當地人看見了華人的實力和回饋的用心，也緩和了當時的排華氣氛。

沒有架子的省督

　　一九九三年十二月十日，這是一個值得紀念的日子。我的好友賀鳴笙邀請林思齊來訪位於列治文的加拿大慈濟分會。當時慈濟已經在加拿大發展一年多，我們在小山養老院煮餐、與救世軍合作發放物資，都受到加拿大媒體的關注。當地最大的平面媒體《Business in Vancouver》、《太陽報》等，以及電視臺都曾經專題報導，《McLean's》雜誌甚至以「Local Heroes」為標題報導我們的慈善活動。

　　記得林思齊來的那一天，我親自下樓迎接他。當時從一部氣派的座車走下一位穿戴整齊，胸前別了很多勳章的人，我原以為他就是省督林思齊，結果我錯了，真正的省督竟是站在他旁邊，一位看起來輕裝簡從的長者，本人非常親切、沒有架子。

　　我們隨即進行一場簡報，介紹加拿大慈濟所做的事。林思齊聽了很感動，他表示剛接下省督任命時，加拿大的社會氛圍對部分華人有負面觀感。而我們為加拿大所做的事，正在逐漸改善加拿大華裔人士的形象。

基督徒的他加入榮董

我們在簡報中介紹，慈濟不僅捐款給食物銀行，還到養老院、救世軍煮飯，進而提供「送餐服務」（Meals on Wheels），到中央廚房取便當送給獨居老人。

林思齊聽了很高興，我也大膽建議：「您可以加入我們的榮董行列！」沒想到，他當場就簽下加幣五萬元的支票，成為加拿大慈濟分會第二十六位榮董。不只如此，他更邀請我們全部志工到維多利亞市（Victoria）的省督府（BC Government House）喝茶。

那年的年底，我們一行約八十多人穿著慈濟制服，搭了兩輛巴士，再轉搭渡輪到維多利亞島赴午茶之約。進入典雅幽靜的省督府，我們覺得既光榮又暖心。在林思齊帶領下，更深一層理解了卑詩省的歷史文化，感覺又對這片土地有更進一步的認識。結束時，林思齊夫婦兩人還站在門口跟我們每位志工握手道別，這真是莫大的殊榮。

九五年，慈青（編按：投入慈濟的大專青年）聯誼會成立時，林思齊應邀前來參加典禮，為慈青授旗，鼓勵年輕人多服務社會。

之後，我們常去拜訪林思齊。有一次，我們在他家喝茶時，我跟他分享了兩個故事。

有一次，我和太太一起去救世軍服務，結束後，我先到停車場取車。她在路邊等我的時候，擔心右手拿提包比較靠近馬

路，容易被搶。正當猶豫著手上的提包，要用哪隻手拿時，有個遊民走了過來，看到她穿著慈濟制服，竟然向她舉手敬禮。她趕緊回禮，同時感到很訝異，原本不安的心也放下了。

還有另一個故事。有一天，有位師兄在唐人街附近服務結束後，因為一時內急，就衝進路邊一家撞球室。一進門，他就愣住了，裡面全是全身刺青的壯漢，一看就知道不好惹。他心想，「慘了，走錯地方！」當時裡面的人看見一個東方人冒失闖進來，全都停下動作看著他。師兄心裡還在大叫不妙！沒想到，這些人看到師兄穿著慈濟制服，立刻露出笑容，歡迎他進入，緊張的氣氛一下子便緩和下來，師兄感到如釋重負，也順利解決了內急。

原來，有人看見慈濟一直在做的事，我們總是穿著制服為人群服務的形象，也深植人心。當時林思齊聽完後，隨即轉頭跟他太太說：「我們以後出門也要穿慈濟志工服。」

因為認同透過慈濟捐款

有一回，林思齊對我們說，他一年有三百場演講，幾乎一半都會談到慈濟，介紹慈濟為加拿大社會做的事情。還有人因此問他：「您是虔誠基督徒，為何如此推崇慈濟呢？您改變信仰了嗎？」

他說：「不是，是因為慈濟做的事情，代表了華人一直在回饋加拿大。」他想以省督的身分鼓勵大家，一起和慈濟服務

人群。直到一九九八年，林思齊退休，並成立聖詩會，還拍了
福音廣告的影片，專心於教會工作，然而他對慈濟的支持和信
任從未間斷。

　　二〇〇八年，四川汶川發生地震。那年，林思齊已經退休
近十年，得知震災消息的他，慷慨捐出加幣十萬元給加拿大慈
濟。此舉引起各界關注，原本專心服事教會的他，為何捐款給
佛教團體的慈濟？林思齊說，因為慈濟親自走進災區現場，他
相信我們會把每一分錢、每一分愛送到當地。他的這番話，對
加拿大慈濟意義非凡。

　　二〇一〇年十一月二十二日，這位致力推動加拿大種族融
合的長者與世長辭。他熱心公益、盡力回饋社會，令人敬重。
他是虔誠基督徒，卻又這麼支持上人的理念，他那如海納百川
的心胸，令人嘆服。

　　由於慈濟的因緣，我與他相識，這份延續十多年的情誼，
我終生感念。

第三章
學生篇：
用愛教育，啟發人的良能

 緣起

　　加拿大一直被評為世界上最頂尖的教育國家之一，二〇一九年美國新聞與世界報導、Y＆R BAV諮詢機構和賓州大學華頓商學院合作的最新研究顯示，全球最優質教育國家排行榜上，加拿大排名第三。二〇一九年英國RS Components機構的教育報告則顯示，全球高等教育畢業生中，加拿大排名第一。

　　不像臺灣設有隸屬中央的教育部門，加拿大各省分的教育廳各自主導該省的教育事業。從幼兒園（五歲就讀）至中學的公立教育完全免費。中學之後，學生可以申請自費就讀大專院校。

　　加拿大的教育精髓不僅在於培養菁英，更重視讓人人獲得平等受教的機會。根據二〇一九年最新統計顯示，加拿大尚有四百八十萬人

生活在貧窮線以下，接近一百二十萬十八歲以下的青少年和兒童屬於低收入家庭，占全國兒童人口的百分之十七左右，其中多數來自單親家庭。

這些較為弱勢的孩子，需要社會力量的幫助，讓他們可以享受充分的教育資源。而慈濟的目標，就是要讓孩子們可以安心學習。誠如南非前總統曼德拉所說：「教育，是你能用來改變這個世界最有力的武器！」

上人也說：「社會的希望在於人才，人才的希望在於教育；父母的希望在於孩子，孩子的希望在於教育。」

08 〉 創設入學獎助金

第一個在英屬哥倫比亞大學設立入學獎學金，
促成校方設立了常態預算。

創校於一九○八年的UBC，是加拿大第一所和慈濟結緣的大學，也是卑詩省溫哥華市最古老的一所公立大學，曾培育出多位諾貝爾獎得主。

因緣際會下，UBC發展部先來找我們，希望我們能提供獎學金幫助學生。我前去學校了解情況，看到歷年的捐款人名簿，就像傳統電話簿那樣厚厚一大本。我也注意到，所有的獎學金計畫都著重於獎助入學後學業表現優異的學生，對於因經濟困難無法入學的貧困學生，很少提供協助。

首創 UBC 入學獎助金

加拿大政府雖然提供學生貸款，但是仍有些學生好不容易獲得入學許可，卻因為經濟問題無法報到，只好高中一畢業就投入職場工作，與UBC擦身而過。

當我們發現這一塊補助有缺失時，決定提供一筆入學獎助金（Entrance Bursary），連續捐三年，每年捐出加幣五萬元，幫助二十至二十五位學生（每人約加幣兩千至兩千五百元），讓他們可以進入UBC就讀。

別小看這一筆「助學金」，有了它，這些學生就無須休學，入學後可以再尋求其他打工機會，成績優異者也可申請其他獎學金。不至於失去學習、發展、嶄露頭角的機會，能夠開啟人生的新頁。

有一次我們受邀參加UBC亞洲文化中心的活動，主持人是個高個子男生，他拿著麥克風說，他本人就是我們提供入學獎助金的受獎人。他說，如果沒有這筆獎學金，他不可能站在這裡；因為我們的捐贈，他的人生有了改變。

UBC校長史壯威（David William Strangway）為了表達對慈濟的感謝，從加拿大慈濟第一個周年慶開始，連續三年與會，他不只代表校方致詞感謝數千個會員，也表達學校需要像慈濟這樣的社區團體支持（UBC needs community support.）。

　　由於我們拋磚引玉，提供三年的獎助金計畫結束後，UBC校方體認到這筆獎助金的重要性，決定提撥經費作為學校固定的助學項目。換句話說，慈濟的入學獎助金計畫成為一個模範，不僅引起校方重視，從此也幫助了更多學生。

教授上課分享慈濟經驗

　　獎助金計畫在UBC初試啼聲後，也成為慈濟和加拿大其他大學合作的典範模式，包括東岸的多倫多大學（University of Toronto）和皇后大學（Queen's University）等都有類似的捐贈計畫，讓更多的清寒學子得以突破經濟困境，展翅高飛。

　　早在十多年前，當時副執行長陳玉女師姊的女兒就讀UBC，有次在課堂上聽到教授說：「加拿大有個不可思議（incredible）的團體——慈濟，他們做了很多慈善的事……」當時教授把慈濟所做的事蹟一一講出來。她從未想過，居然能在課堂上聽到教授對慈濟讚譽有加。

　　回家後，女兒對師姊說：「以前我總覺得媽媽都在忙慈濟的事情，沒什麼時間陪家人，但是聽到教授這樣稱讚，現在終於知道媽媽做的事真的很偉大，I'm so proud of you.（我以媽媽

為榮）。」

　　沒想到，時隔十幾年，住在列治文的郭梅華師姊告訴我，她的小女兒就讀UBC大學，本來教授在講述著西方課程，卻談到東方，並在課堂上分享起慈濟的故事。看到教授、同學都對慈濟所做的事情那麼認可，她當場對大家說：「我爸媽都是慈濟人！」看到同學們的感動神情，女兒也覺得與有榮焉，原來慈濟的所作所為，已經深植人心。

09〉貧童也能安心去看牙醫

可以免費看牙卻沒錢搭車，

與 UBC 牙醫合作義診，慈濟出車錢。

有了良好的合作基礎，我們和 UBC 啟動了第二個合作計畫：與牙醫系合作，針對中小學生設立「貧困學童看牙交通補助」。

乍聽這個捐助計畫不免令人感到困惑，會想：「這也需要補助嗎？」由於加拿大土地遼闊，況且 UBC 位處溫哥華最西端，並非位於繁華市中心，必須要自駕汽車或搭乘公車才能抵達校園。如果住在較偏遠的城市，想造訪 UBC 一趟並不容易。

提供車資去免費看牙

在歐美看牙的費用昂貴，加拿大全民健保也不包含牙醫診治，有許多孩子受到牙病牙疼之苦，卻因家庭經濟因素，始終無法獲得好的治療。因此，我們與 UBC 牙醫學院合作之初，就不想只是出錢購買醫療儀器設備，而是希望能實際幫助到有需要的學生。

我向 UBC 牙醫系提出美國的案例作為參考——慈濟美國分會有一輛巴士，作為行動牙醫診所，可以到偏遠地區為學生檢查和治療牙齒。

　　UBC牙醫學院表示，學院內就設有一個實習診所。我們去參觀過，內部非常寬廣、設備齊全，還有多達八十多張診療椅，可以同時多人一起診療。校方表示，只要是卑詩省各中小學的清寒學生都可以到這裡免費看牙，可惜各地的教育局（School Board）反映，因為UBC校區遙遠，許多學童缺乏交通費以致無法前往看牙。

　　確認學童欠缺的是看牙的交通費後，便由慈濟提供貧困學童四年的看牙交通補助經費，凡是符合資格的學生都可利用這個計畫免費去看牙。因為慈濟和各教育局關係良好，各校廣為宣傳這項福利後，獲得很大回響，許多住在郊區的家庭可以帶孩子去看牙，不需要再為了欠缺車資而發愁。

　　有了這兩個計畫的合作經驗，我們和UBC大學的關係更加密切。

分享環境教育理念

　　史壯威校長卸任後，接續的第十一任校長瑪莎・派珀（Martha Piper）（一九九七至二〇〇六年，二〇一五、一六年代理），二〇〇〇年四月曾親自帶領副校長和幾位院長來到臺灣，參訪慈濟大學，簽署合作意向書，並在臺北和上人見面。

　　兩人一見面，派珀就問上人：「請問您的教育理念是什麼？」

　　上人回答：「我相信環境教育。」然後緩緩說明：「我

要創造一個環境，讓學生在這個環境裡感受愛，繼而學習去愛別人。我們醫學院的學生不僅要跟著老師和醫師們到山區義診，還要幫忙他們打掃整理房子，讓學生看到老師幫人看病，也做勞動、為老人清洗身體，深刻體會實踐的愛，學習這種精神。」

派珀表示贊同，接著說：「我們也是這樣，UBC的牙醫系學生會定期到溫哥華唐人街為當地遊民義診，也是為了相同的目的。」

我在一旁聽了兩人的對話後才領悟到，原來我們與UBC牙醫系的合作，使得牙醫系成為該校「環境教育」的代表。而透過環境教育，這個全加拿大最熱門系所之一的學生和社區結合，在環境裡學習，學生在校時就能服務低收入戶和清寒學生，解除他們的痛苦。

其實，我最初乍聽派珀問上人的問題時有點驚訝，這可是個大哉問，上人會怎麼回答？但是聽到上人講的「環境教育」後，更捏了一把冷汗；因為上人可能不清楚，UBC校園便是以優美的自然環境所著稱，除了花園、海灘，還有大森林。

聽完上人的話語，我才明白，原來他說的不是校園的自然環境，而是整個學校的人文氛圍。每個人都是環境中的一分子，如何在所處的環境中，透過「付出的行動」創造愛的環境，用感恩的態度，為自己的生命種下慈悲的種子。

三位UBC校長先後來臺

　　UBC校方對慈濟的理念一直深表認同，連續有三位校長親自來臺拜訪上人。第一位是派珀，之後是現任英國劍橋大學校長的杜思齊（Stephen Toope），他來臺灣拜會上人後，還到慈濟大學參訪，並由王本榮校長接待。他對於醫學系內大體捐贈的儀式與人文，印象特別深刻，也很感動。

　　現任校長歐聖達（Santa J. Ono）在二〇一八年，曾到新店靜思堂拜訪上人、參觀大愛電視臺，他接受採訪時說：「我深受上人的慈悲所感動，也讚歎上人及慈濟基金會對全球各地教育與福祉的影響力，真可說是世界的榜樣。志工們不受國籍與國界的限制，無私的幫助不認識的人。我還碰到一些醫療服務團隊，他們自費前往災區，令我很感動！我想要跟大家分享他們的故事。」

　　這幾位校長親自來訪交流，也使得慈濟和UBC的緣分不斷加深。

延伸閱讀　UBC校長拜會 上人

10〉 新佛學重鎮在 UBC

與 **UBC** 大學合作國際佛教論壇，
佛學專家共聚一堂，看見慈濟。

每逢秋季，UBC校園楓葉七彩明媚。二〇〇二年十月，來自世界各地的重要佛學學者共聚一堂，參加「第一屆英屬哥倫比亞大學慈濟佛教研究論壇」（UBC's Tzu-chi Buddhist Studies Forum），讓那年秋天的校園更增色不少。

這次論壇是UBC和慈濟的第三項合作案，從入學獎助金、看牙交通補助，進展到學術領域，與該校亞洲研究系（The Department of Asian Studies）合作發展佛學研究。

支持佛教研究論壇

這次合作的機緣，源自二〇〇〇年，派珀校長來臺訪問上人後，學習到「佛法生活化」的重要性。回到加拿大，便參觀了慈濟分會及佛堂。她希望師法上人所說的環境教育，計畫舉辦佛學研討會，因此聘請學者陳金華先生到UBC擔任助理教授。二〇〇一年，陳金華到加拿大慈濟分會拜訪表示，目前世界的佛學重鎮是美國東岸的哈佛大學，他希望推動UBC成為北美西岸最具代表性的佛學研究中心。

無庸置疑，UBC擁有天時地利人和之便，不僅本身在世界

學術地位上享有盛名，溫哥華又是北美最靠近亞洲的大城市，並且有許多來自東方的移民住在此地。UBC亞洲研究系希望透過佛學論壇進一步發展佛教學術研究，盼望慈濟能多支持。

由於上人的宗旨是為佛教、為眾生。我們同意一起合作，並且希望論壇的主題能跟慈濟的理念結合。我們前三年每年提供加幣五萬元，之後每年提供加幣三萬元，支付會議以及論文集的出版費用。二○○一年五月，雙方啟動了國際佛教學術會議系列。

全球佛學大師共聚一堂

第一屆論壇活動以「佛教與和平」為主要議題，共邀集二十幾所大學，包括美國哈佛、耶魯、史丹佛，以及法國和日本大學教授與會發表論文。論壇期間，我們邀請這些來自世界各校的教授們，參觀溫哥華南區奧斯勒街（Osler St.）的加拿大慈濟分會，讓國際佛教學者認識、了解慈濟。

各地貴賓來訪時，師兄師姊們從分會靜思堂海報牆開始做整體導覽、茶道待客、觀賞影片、手語演繹。一連串人文饗宴，讓這群在國際佛學界地位舉足輕重的學者們，都留下深刻印象，也吸引溫哥華當地的中英文媒體前來報導。

這次學術會議相當成功，為雙方後來的合作增加信心。此後數年，每年都舉辦以佛教為主題的國際研討會。

二○○九年十二月十一日，UBC與慈濟國際佛學論壇在中

國人民大學舉辦，主題是「佛學與醫療」。我受邀參加，向各
國學者教授介紹慈濟以醫人、醫病、醫心的理念，在全球建立
起愛心醫療網。對許多人來說，這是他們第一次了解慈濟這樣
的佛教慈善機構。

當時，在張風雷副院長陪同下，我拜會了他的老師中國佛
學泰斗——人民大學哲學院教授方立天，適逢我們剛辦完一個
「微笑和諧活動」（Smile for Harmony），我們的理念是：身心
要和諧、社會要和諧、與大自然和諧，也是上人期許的「人心
淨化、社會祥和、天下無災難」。教授說，這些理念與他的想
法非常契合，更當場贈送自己的著作給我。

二〇一〇年，UBC與慈濟國際佛學論壇移席北京大學，主
題是「跨文化的佛教神話學研究」。這兩次會議我都特別邀請
本會發言人何日生師兄參加，促成了他和佛教學者結緣的契機。
此後，慈濟對UBC主辦的學術會議也長年予以贊助，這些會議
成為每年佛學界的盛事之一。

奠定UBC佛學研究地位

除了每年固定舉辦論壇，自二〇〇八年開始，在陳金華教
授的推動下，UBC亞洲系和慈濟大學、人民大學開辦了史無前
例的佛教暑期研習班。不僅為來自各國的佛學研究生提供可以
親炙國際學者的機會，還將學生們帶到臺灣參訪慈濟，並與上
人見面。此次佛教暑期班，延續了三屆，輾轉各地，每次都能

聽到慈濟志工的講座和報告，並參觀了慈濟在蘇州正在建設的基地。

UBC和慈濟合辦的暑期班，在大陸大開風氣之先。幾年內，各種暑期研習班在大陸各地如雨後春筍般的出現，很多是受到慈濟暑期班的影響和啟發。之後UBC和慈濟的合作項目不斷，包括舉辦學術會議、出版學術文集、研究生及博士後資助、雙方相互參訪等等。

UBC在佛教研究方面發展更為迅速，二〇一六年正式成立FROGBEAR（From The Ground Up: Buddhism and East Asian Religions）國際學術網，是目前全球最龐大的佛教研究交流平臺。

二〇一八年，陳金華教授獲得UBC最高學術榮譽Killam研究獎（UBC Killam Research Prizes）。近日，陳金華教授和我通電話，他告訴我，剛獲頒加拿大皇家學會（The Royal Society of Canada，簡稱RSC）院士殊榮。近二十年來，他對推動UBC佛學領域發展不遺餘力，我覺得實至名歸。

UBC逐漸建立北美西岸佛教研究的學術領導地位，促成全球佛學研究與其他領域的密切交流，讓國際佛教學者看見慈濟的大愛，進而傳遞給全球佛教學術機構、學者和學生。

11〉弱勢學童也能去營隊

參加營隊、培養才藝，
補助弱勢學童，抓住人生希望。

一九九五年開始，為了協助中小學弱勢（underprivileged）學生，我們定期拜訪各學區的教育局，請教他們需要哪些方面的協助。

幾個教育局不約而同表示，希望我們幫助弱勢學生參加課外活動，諸如露營、夏令營、冬令營等。雖然加拿大的學校教育免費，但是參加這些營隊都需要自己付錢，使得經濟上有困難的學生失去課外活動的機會。

之後，我們陸續在卑詩省中小學推動各類捐贈，包括早餐計畫（Breakfast）、返校日學用品發放（Back to School）、課後輔導（After School）和課外營隊獎助金（Bursary for Camping）。

透過活動找回學生自信

教育局人員特別指出，有些窮苦家庭的小孩因為父母到處打工，被生活重擔壓得喘不過氣來，不但沒有時間陪伴放寒暑假的孩子，在長期經濟壓力下還可能發生家庭暴力。若有機會讓這些孩子能離家一兩週到戶外露營，體驗大自然、認識新朋友，對這些家庭親子雙方都有很大益處。

來自臺灣的我們，不少人曾在高中、大學寒暑假時，參加如救國團這類單位舉辦的營隊活動，透過這些課外活動增廣見聞，也對生命成長很有幫助。

因此，我們決定推出這個合作計畫後，獲得大溫哥華地區六個教育局的熱烈反應，他們非常需要這筆額外的款項，因為它能真正幫助到這些弱勢學童，讓他們也能享受參加課外活動的樂趣。

每年寒暑假後，我們都會收到來自這些學生充滿熱情的感謝，老師和教育局也感謝我們幫助這些學生建立自信，若沒有慈濟這筆錢，他們想幫也幫不上忙。

此外，我們也鼓勵原住民孩子認識自己的文化，便提供經費，讓一所原住民學校上百位學生搭遊覽車去戶外教學（Field Trip），尋找祖靈、參觀原住民博物館等。

讓特殊才藝生獲得輔導

除了戶外營隊，我們也為擁有特殊才藝的學生，提供聘任專門老師的課外活動輔導專案（Extra Curriculum）。

起因是有位校長跟我提到，在他曾任教的學校內，有個學生的文學造詣很高，若是能有專業老師持續培養，一定可以成為作家，有番作為。可惜校方沒有針對培育個別學生的預算，因而埋沒了優秀人才。校長說：「直到這位學生已經畢業多年，我心中仍對此感到遺憾，無法釋懷。」

　　後來，我們知道有個孩子因為身體嚴重不協調而影響健康，醫師建議他學習游泳來矯正，卻被本人拒絕。我們前去了解後，才知道這孩子因為完全不會游泳，必須從頭學起，但他個頭很高，在初級班的一群小小孩中，特別顯眼，格格不入，也因此挫折感很大。後來便由慈濟提供經費，請游泳老師單獨為他上課，過了一段時間，他學會了游泳、治好了病、也恢復了健康。

　　高貴林教育局也有一位個案，是眼盲又患有躁鬱症的孩子，父母離婚後由祖父母隔代教養。因為這孩子不擅於控制情緒，時常暴怒，可是教育局發現他有音樂天分，於是想要透過音樂教育，改善他的情緒問題，並協助這個學生發揮專長。

　　我們得知後也提供贊助，請鋼琴老師為他授課，從小學持續到中學。上了中學，又需要電腦輔助教學，於是慈濟師兄姊又買了電腦給他。他高中畢業後進入溫哥華社區大學（Vancouver Community College）主修鋼琴和作曲。這個孩子一路成長，原本被貼上過動標籤的他，如今已能獨當一面，成為音樂老師。

　　還有位女學生，校方發現她有歌唱天賦，但家裡沒有能力栽培她，於是透過教育局，由慈濟提供才藝獎助金讓她向聲樂老師學習。主修女高音的她，後來在慈濟周年慶上演出，美妙嗓音與豐沛情感，令在場所有觀眾驚豔。我們更為她高興，因為她找到了自己未來的希望。

　　在這些個案中，不管是接受幫助的孩子，或參與合作的校長、老師們，都以不同形式，表達對慈濟捐贈協助的感恩。我

們也常收到學生來信表示，能有機會參加營隊、學習才藝，改變了他們的人生。

聽到這些感恩的聲音，我更確信師父所說的，慈悲要有智慧，付出得更加開心。感謝學校，由於他們發現這些孩子，讓慈濟的愛心能夠實踐。

延伸閱讀　助學金拉一把　資助參加營隊開拓視野

12〉後段班男生變校園足球明星

後段班男生成為校園明星，
迷失的孩子找回自我，重回校園。

我們在一九九五年提供五個學區的獎助金，後來又增加蘭里（Langley）的教育局，每年提供加幣十五萬元，持續做了二十年。我們提供資金給教育局，由教育局通知學校。等校方將名單送到教育局後，再由教育局聘任的委員進行遴選。這些委員都是各校的校長或老師，他們擔任無給志工，熱心奉獻、認真評選，讓善款使用在最關鍵的地方。

蹺課生愛上跳舞、學功夫

滿地寶（Port Moody）地區有一所中途學校，那裡有許多迷失人生方向的孩子，時常蹺課不來學校。校方向教育局申請慈濟獎助金，用這筆錢讓女學生們學舞蹈、男學生們學功夫。

隔年我們去參加頒獎儀式，我到學校看看這些高中生，他們和一般學生看起來沒兩樣，不像是刻板印象中的「問題學生」。只見他們在舞臺上盡情揮灑，有的表演跆拳道、有的施展少林功夫，比畫招式中淨是希望；有人跳起舞來，身段靈活、充滿自信。

老師對我說：「他們如今能夠上臺表演都是很大的突破。因為這些孩子過去都曾遭遇很大的挫折，內心充滿犯錯的陰影，

難免自暴自棄，現在因為這些課程和活動，開始找回了自信。」

校方也表示：「因為這些課程，原本蹺課的孩子們願意上學了。」學校和我們並不是要透過這些課程讓學生成為專業舞者或功夫高手，讓他們願意重回校園，這才是重點！設立這些獎助金的目的，就是要幫助他們回到正軌，接受教育，揮別過去，改變自己的人生。

後段班男生翻身找回自信

令人印象最深刻的是，有一天，我到蘭里的一所高中參加頒獎活動，校方特別舉行歡迎會。當時的卑詩教育廳長、曾任蘭里市長的彼德・法斯本德（Peter Fassbinder）也到場，包括校長、老師、蘭里市長、教育局委員們都來了。

活動一開始，有十幾位穿著球衣的美式足球隊員進場，每個人都抬頭挺胸、意氣風發，一旁的女學生就像看見明星般大聲歡呼，讓這群男生們非常得意。

頒獎儀式時，球隊老師主動提出要上臺講講話。他說：「學校第一年組建美式足球隊就成績不凡，雖然沒拿到冠軍，但已經非常了不起。」

這位老師表示，好幾年前就想透過組建球隊，讓這些成績較差的後段班學生有另一個發揮空間，建立自信、培養學習的興趣。他曾經提案給校方，雖然立意很好，但總是礙於沒有經費而作罷，即使找教育局建議，結果也是一樣。

直到慈濟在蘭里教育局設立助學金計畫，學校得知後立刻申請，讓這位熱心的教練成立球隊，原本一直無法執行的計畫，終於有了預算。而這些學生也不負眾望，第一年就表現傑出。

　　原先不被看好、學習狀況不佳又愛搗亂的後段班男生，搖身一變成為校園風雲人物，女同學們都投以崇拜的眼神，他們也因此找到自己人生的價值。看見這樣的情景，再聽到這位老師的感謝，讓我特別感動。尤其是這位老師對孩子們不放棄的用心，更讓我們知道，這筆錢真正幫助到學生，並且產生深遠的影響。

購書基金讓孩子有新書看

　　我們在溫哥華長期贊助一間學校，由老師挑選新書，提供書目，我們資助他們經費去購書，這樣一來學童就能看到許多新的小說，包括熱門的「哈利波特」系列。

　　學童們都很喜歡這個贊助計畫，因為能看到最新出版的暢銷書。每次看到我們的志工去學校接洽時，他們都會開心大聲歡呼：「Tzu Chi！Tzu Chi！」（慈濟！慈濟！）因為這代表又有更多新書可以看啦！

　　慈濟種下的愛心幼苗，十幾年後已綠樹成蔭，越來越多學校和家長參與營隊的計畫和執行，投入更多資源。慈濟的營隊獎助金對學生產生重大影響，這份堅持與付出，榮獲卑詩省校長和副校長協會（BCPVPA）頒發的教育貢獻獎。

13〉愛心早餐溫暖學童的心

溫哥華西區也有貧困孩童！

卑詩省每五位孩子，有一位來自低收入家庭。

自一九九四年起，慈濟透過多元助學計畫，已幫助超過兩萬名加拿大的清寒學童。當我聽聞溫哥華西區（以下簡稱西溫）有孩子需要幫助，大吃一驚：「西溫還有孩子需要幫忙？」

西溫的教育委員告訴我：「不要以為西溫都是有錢人，那裡還是住著許多家境清寒、需要幫助的孩子。」

看似富裕的加拿大，在二〇一一年官方統計數字中，有一八・五％的孩子身處貧困，大城市如多倫多和溫哥華的比例更高，分別有三〇％和二〇％的孩子生活在貧窮家庭中，連最基本的「吃完早餐再上學」，都成為這些孩子的困境。

所謂「一日之計在於晨」。對孩子來說，有沒有吃早餐與一天的體能表現和學習效果息息相關。

根據日本二〇〇九年研究顯示，早餐與孩子們的學習成績呈現一種比例關係：每天正常吃早餐的孩子——國語Ａ平均正確回答率七一・三％，數學Ａ的平均正確回答率為八〇％；完全不吃早餐的孩子—— 國語Ａ平均正確回答率五三・二％，數學Ａ的平均正確回答率為六三・二％。

香港中文大學二〇一六年發表一項研究，顯示一直有吃早

餐的學生，學業成績會比不吃早餐的學生平均得分多一‧五倍。英國二〇一九年研究則顯示，早餐與孩童的免疫力和專注力息息相關。

啟動藍天助學計畫

在我們華人的教育思想中有句老話：「不要讓孩子輸在起跑點。」我們希望孩子快樂的成長，而一份暖心早餐就是好的開始。

二〇一三年慈濟推出「藍天助學計畫」，其中一項就是「愛心早餐」。我們在大溫哥華地區多所中小學內，提供營養早餐，為學童營造一個充滿愛與關懷的溫暖氛圍，讓這些孩子吃得健康開心，有充沛的體力和飽滿的精神專注於學業。

我們的「早餐計畫」，是由慈濟負責提供經費，再由校方依據各校需求主導規畫，由教職員負責採買食材，以確保符合食品安全準則。像是許多小學要求不供應蛋，我們也從善如流。

二〇〇七年起，在本拿比的溫莎小學（Windsor Elementary School），慈濟提供的愛心早餐，給了像Emmy這樣的孩子，每天一個溫暖而愉快的開始。

八歲的 Emmy，來自單親家庭，媽媽忙於工作和家務，經常來不及好好為她做早餐。她最喜歡每天早上先到學校的早餐室，從熟悉又親切的阿姨和叔叔手中接過熱騰騰的早餐，和其他同學們一起高高興興的吃早餐、聊聊天。

對於這個溫暖的早餐計畫，溫莎小學校長瓊斯（Kinder Jones）說：「吃了早餐，孩子們更快樂，情緒更穩定。感謝慈濟，讓他們知道有一個溫暖安全的地方，還有早餐可以吃。」

一頓暖胃暖心的早餐

有位長期在學校準備愛心早餐的全保羅師兄，說了一個故事給我聽。那年十二月，加拿大已經開始下雪，有個新來吃早餐的男孩，腳上只穿著涼鞋，加了雙襪子。師兄對他說：「孩子，你應該要穿上靴子。」第二天，他又看著這孩子說：「天氣很冷，你真的要穿上可以保暖的鞋子。」

直到第三天，這孩子還是一樣的穿法，師兄突然明白了，因為這孩子就只有這雙鞋子！沒有第二雙、第三雙。於是師兄對這孩子說：「我想要送你一雙靴子，回家問媽媽可不可以？」隔天，孩子來告訴師兄：「媽媽說，你們每天給我早餐吃已經夠好了，我不可以再收你們任何東西。」

這孩子真的很善良又不貪心，母親也教育他要知足感恩。聽到這位師兄的轉述後，我們便和學校合作成立「冬衣贈送中心」，希望能幫助像這樣的學童。

十多年來，在本拿比市每天早晨八點，就會有十幾位志工，有的開車、有的走路到學校為學生做早餐。學童們一大早進學校，就可以看到愛心爸爸、愛心媽媽歡迎的笑臉，不只心暖了，肚子也吃飽了，就能開開心心上課去。有些大孩子和每天準備

早餐的史庭祥混熟了，每次見面就像是哥兒們一樣自在，還會互聊心事。

把學童當自己孩子

「只要加幣二十元，就能幫助一個孩子一個月的早餐。」小額捐款就能發揮大愛的形式，獲得社會各界熱烈回響，很快的，我們就達到幫助一萬名學童「愛心早餐」的目標。

雖然愛心早餐的目的是援助低收入戶學童，但是我們定位為「早餐俱樂部」（Breakfast Club），主要是因為不希望有任何「針對性」，讓有需要的孩子因為自尊、怕被貼標籤，或不想受歧視而不願前來。任何學童想來吃早餐，統統歡迎。而如此尊重個人和隱私權的細膩作法，也是我們從加拿大的志工文化中學習而來。

有一位李明德師兄在臺灣從事營造業，退休後移民加拿大，除了學校的寒暑假期間，他們夫婦倆每週一到週五早上，準時八點就到學校當愛心爸爸、媽媽，持續了三年多。還有兩位人文學校的老師，自己的小孩已經長大，不用再準備早餐，便也到學校幫忙。他們都把這些學童當成自己孩子一般，以愛心、親切和友善的態度，為孩子們做愛心早餐。

這個早餐計畫很快的在各地教育局間傳開來，從本拿比的溫莎小學開始，現在大溫地區共有十二個學校參與這項早餐計畫。

　　志工們在愛心早餐的活動與學生發展出良好互動，他們也觀察到，有些新移民和難民孩子需要課後輔導（After School），於是我們又請人文學校的老師來教導、陪伴孩子。愛心就像火苗般，點燃了永不熄滅的火把，一站站傳遞下去。

延伸閱讀 愛心早餐計畫 讓孩子吃飽飽

14〉慈濟破例在校園設募款箱

親自把愛放在孩子的手上，
素里教育局開放一百多個學校給慈濟擺募款箱。

　　慈濟在加拿大的活動推展，有些方案立即可行，有些則需要一點時間。例如：在溫哥華捐贈助學金時，我們原本希望有個頒獎儀式，能和學生見面，親自雙手獻上愛心。但是學校為了保護學生的個人隱私，不可以讓同學及其他人知道，予以婉拒。我們表示理解，尊重相關單位的規定。

　　到了一九九八年，頒贈儀式的想法在本拿比市出現突破的契機。已與我們多次合作的本拿比市政府主動告知，市政府管轄下有一個營隊局（Camping Bureau）可以合作。於是我們再次提出頒獎儀式的想法，目的是為了讓獲得助學金的學生了解，這些錢是許多人的愛心，也希望透過典禮分享慈濟的人文精神。

頒獎餐會上分享慈濟人文

　　本拿比市政府很樂意配合這樣的安排，便請校方提出名單，由營隊局負責邀請師生參加。頒贈典禮在本拿比的希爾頓飯店舉行，飯店贊助場地，典禮結束後可以享用簡單的餐點。

　　受邀的學童和老師、家長們除了欣賞介紹慈濟的影片，還有手語表演等等。本拿比市長高力勤（Derek Corrigan）也親自

出席致詞，跟每個學生握手，表達支持之意。慈濟更準備了贈送每位學童一個背包，看到他們喜出望外的笑容，大家都很感動，也很開心能幫助這些孩子。

此例一開，素里、高貴林和滿地寶的教育局，也紛紛表達接受這樣的合作方式，尤其素里教育局長、市長都用行動表達支持，親自參與。這樣的合作關係，持續至今。這些善緣，也持續綻放。

每當我們把愛放在加拿大孩子的手上時，會告訴他們，慈濟去過非洲、斯里蘭卡，也去過海地，那些國家的小朋友也需要加拿大小朋友伸出愛的雙手。他們會意識到，原來自己不是最苦的，還有許多國家的孩子正在為生活掙扎，等自己長大後有能力，一樣能以愛來幫助其他陷入困境的人。

校內設募款箱別具意義

二〇〇八年，為了募款賑濟大陸四川的汶川地震，我們請教素里教育局可否在該學區的校園內放置募款箱？

教育局爽快答應：「歡迎！」並開放一百多個學校給慈濟擺放募款箱。依照慣例，加拿大的學校不會讓特定宗教團體進入校園進行募款活動，所以相當難得。

這個特例也說明，這麼多年來，教育局在和我們合作的過程中，了解我們想要給予「愛」和「感恩」，世界還有很多地方很貧窮，有苦難的人需要幫助。更高興我們的理念，能獲得校長們的行動支持。

15〉弱勢孩子有了新文具和書包

媽媽問小女孩，為什麼不繼續畫了？

她說明天帶去學校再畫，讓同學知道我也有蠟筆。

有一次，一個單親媽媽帶著小女孩來到素里食物銀行，看到女孩的背包已經磨損脫線，這讓我想到，暑假過後就是「開學日」（Back to School）了，來領救濟食物的家庭，他們的孩子可能也會需要背包和文具用品。

不一樣的開學日準備

經過一番討論後，我們決定在九月開學前於素里食物銀行舉行「學用品發放」。發放對象包括從幼兒園到十二年級的學童，背包依據學齡和身形分為三種尺寸，準備的文具也依照各年級需求有所不同，另外贈送一份靜思語書籤。

除了準備背包和文具，我們也邀請來自臺灣曼都髮型的設計師，他們很樂意來當義工，在現場為小朋友剪頭髮，讓他們可以容光煥發的回到學校。

那天，我看到有遊民媽媽帶著孩子來領東西、順便理髮，只見有些孩子的頭髮都糾結在一起，很難梳開，但是前來幫忙的美髮師們都耐心的、輕柔的打開一個個髮結、細心梳開，再為每個孩子修剪、吹整頭髮，最後綁上辮子。

一個剛綁好辮子的小女孩照了照鏡子，表情開心極了。我誇她：「妳很漂亮！像個小天使。」她馬上高興的站起來，就在現場來回的走，像模特兒走秀一般，一邊走一邊喊著：「I'm angel! I'm angel!（我是小天使！）」

還有一次，有位臺商捐了五百雙童鞋，我們就在食物銀行進行發放。我記得有位媽媽帶著三個小孩來選鞋子，因為來得比較晚，輪到最小的男孩試鞋時，現場只剩下粉紅色鞋子，傷心的他哭著說不要穿。不忍的志工們於是協助小男孩丈量腳掌尺寸，隔週便將合適的鞋子送到他家。

一盒蠟筆帶來的感動

「學用品發放」能夠立即又實際的幫助弱勢家庭孩子返校學習，素里市舉辦成功後，隨即由本拿比市食物銀行接力執行，接著延伸到基督教女青年會瑰柏翠之家（YWCA Crabtree Corner）。

之所以選定基督教女青年會瑰柏翠之家，乃因其設立宗旨是幫助溫哥華東區的邊緣弱勢婦女，其中帶著小孩的原住民單親媽媽占相當比例。二〇一五年，在瑰柏翠之家活動當天，我和幾位師兄、師姊一起到現場。我們利用午餐時間發放，因事先已通知會員家庭有此活動，聞訊而來的人們擠滿會場，人聲鼎沸。大多數孩子都滿臉笑容，背著嶄新的包包陸續離開。

有個小女孩打開背包，一看到蠟筆，立刻拿出背包中的畫

紙開始塗色，她小心翼翼的輕輕畫了幾筆，就停下來收好。她媽媽和一旁的志工問：「為什麼不畫了？」女孩回答：「我明天帶去學校再畫，要讓同學知道我也有蠟筆。」現場的志工們聽了都很感慨。

當天我們在瑰柏翠之家共照顧了一百一十二個家庭，發送出兩百一十份的學用品。

每次頒發完課外營隊獎助金之後，我們接著會在各教育局指定的學校舉辦學用品發放，活動結束後我們都會特別表示感謝老師、校長、教育局，感謝他們幫我們找到這些需要幫助的家庭和孩子，讓資源充分發揮。慈濟明明是付出的團體，卻這樣鄭重的感謝他們，總是讓教育局和許多合作組織都感到意外。

是的，「付出還要感恩」！謝謝你們，謝謝教育局、食物銀行、YWCA、學校老師和其他協助我們完成「幫助」這個任務的所有人。

16〉人文學校裡，人人都是老師

讀《靜思語》，學中文也學智慧，

短短一句話，讓小皇帝變得貼心懂事。

　　加拿大慈濟共捐助當地六個學區的助學金，因此卑詩省校長和副校長協會（BCPVPA）頒發一項教育貢獻獎給我們。

　　典禮後，三位中學校長、教育局委員和我共進晚餐，我手邊剛好有幾本英文版《靜思語》，席間就向他們介紹起這本書的緣起。我請他們隨意打開一頁，看看今天師父給你什麼智慧語。他們先打開一頁，又再翻一頁，覺得很有意思，就問我：「這樣的句子有多少？」我說大約有三百句，他們很是喜歡，我隨即贈送他們每人一本。

　　教育是慈濟四大志業中很重要的一環，來到加拿大，我們也積極辦學。這裡原來就有一些中文學校，但我們想要辦出有慈濟特色的中文學校，希望學生能夠學好中文，同時又要有人文精神，於是融合靜思語教學，定名為「慈濟人文學校」。

學《靜思語》的生活智慧

　　一九九六年，慈濟人文學校開始在列治文招生，創校之初以臺灣學生為主，加上少數來自香港的學生，當時大陸學生還不多。

人文學校上課時間，從上午九點半到中午十二點半。課程內容除了以繁體字和注音符號教學，我努力說服老師和家長，每次三小時的四堂課中，要包括一堂《靜思語》。事實上，每週只有三小時學習中文遠遠不夠，出了學校，平時又用不到中文，孩子漸漸就會覺得沒興趣。

　　記得有一次我去看高貴林的人文學校新生報到，有個學生在填寫表格，一邊寫一邊哭，「為什麼我要姓『謝』這麼難的中文名字？人家姓『王』一下子就寫完，我的『謝』這麼難，寫這麼久……」

　　可見語言學習不能只是勉強，更需要誘因來引起學生的興趣。我之所以力推《靜思語》教學，是因為其中包含了許多生活智慧，等於是用結合日常生活的方式學中文，開啟了中文學習的另一種樂趣。

　　學習《靜思語》最大目的就是要理解中華文化中做人處世的人文精神，能讓你更快樂。例如：「生氣是拿別人的過錯處罰自己。」簡單一句話，孩子會去思考，並提醒自己，不要動不動就生氣。孩子們學了、用了，會發現和父母的關係變好了，跟同學的關係更和諧，進而改善師生互動。

　　有個孩子還因為人緣變好，被選為班長。這種時候孩子就會想，「原來學中文很不錯！我的朋友也因此變多了」，自然就會喜歡來上課。

人文學校的另類風景

西岸的慈濟人文學校有一半以上的學生來自臺灣家庭，而東岸的慈濟人文學校有五成以上非臺灣人。坊間有相當多中文學校和補習班可選擇，但很多家長相信慈濟的口碑，帶孩子來讀慈濟人文學校，目前臺灣、大陸的孩子比例各半，就是為了《靜思語》教學而來。

我經常去人文學校走動，看到家長便說：「謝謝你把孩子送到這裡。」不少家長總會回以：「謝謝你們這樣教孩子中文。」也有人對我說：「孩子送來這裡後，不只懂得中文的聽說讀寫，更因人文教育潛移默化，改變了品德行為。」

有位來自北京的媽媽說，有一次她生病，小兒子問：「媽媽好一點了嗎？舒服一點了嗎？我幫您倒茶。」這位媽媽又驚又喜，她說：「兒子以前在家是小皇帝，現在竟然會照顧媽媽。」兒子說，是讀了《靜思語》，知道要孝順關心父母。看著孩子漸漸懂事，為人父母無不欣慰。

每次上課，當家長載著學生來到校門口，協助指揮交通的師兄會幫忙開車門；車內有小小孩的，還會有志工幫忙抱下車、或牽下車；下雨則有人打傘；到了下課時間，小小孩還有志工哥哥、姊姊，大手牽小手一起去洗手間……這些畫面都讓人相當感動。

來到學校的每個學生都是 VIP（重要人物），見到的每一位老師或志工都笑容滿面，每張臉都彷彿寫著歡迎。放學了，教

室使用完畢，大家又把黑板、桌椅恢復原狀，上上下下清理得乾乾淨淨。這些情景就是上人一直在講的「環境教育」；我們創造了一個環境，在這所人文學校中，每個人都是老師，每個人也都在學習。

　　多年下來，早期人文學校的學生結婚生子後，又送小孩來慈濟學中文，父母們常說，一開始孩子有點排斥上中文課，如今已經會主動開心的說：「今天是不是星期六？我要去人文學校囉！」

第四章

遊民篇：
眾生平等，付出也要感恩

 緣起

　　溫哥華是「全世界最宜居城市」之一，但在城市東區卻有著一道
獨特「風景」——無家可歸者流浪在街頭，或橫或豎地席地而睡。

　　這二十年來，因為房價和生活成本不斷攀高，加上毒品肆虐，導
致街頭流浪者越來越多。溫哥華市政府從二○○二年開始，固定統計
並公布城市內無家可歸者的人數，二○一九年六月公布最新的數字是
兩千兩百二十三人，較二○一八年微升二％，該數字亦是二○○二年
市政府開始這項統計以來的最高值，已連續第四年增加。

　　在這兩千多名無家可歸者中，七二％有庇護處過夜，二八％沒有；
三九％為原住民，但原住民僅占溫哥華市人口總數的二％；四四％的
人患有精神或其他疾病；三八％稱身體有功能障礙。統計還顯示，

六九％的無家可歸者對至少一種物質成癮，不外乎菸、毒品、酒精等；更有四五％對兩種或以上的物質成癮。

　　就算無家可歸者有了遮風避雨的地方，卻還有許多人三餐不繼。

　　為了解決這些基本的飲食問題，一九六七年美國誕生全球第一間「食物銀行」（Food Bank）。顧名思義，這裡是存放食物的慈善福利機構，從各個管道搜集食物，存入「食物銀行倉庫」，提供給需要幫助的人。到了八〇年代，加拿大也有了「食物銀行」。

　　根據加拿大食物銀行官方網站的最新資料顯示，二〇一八年三月，就有約一百一十萬人次到食物銀行領取免費食品，其中三成五是孩子，四成五來自單親家庭。到食物銀行領救濟者也並非都是失業人士，統計顯示，其中六分之一是有固定工作者，但因為低薪導致生活溫飽成了問題。

　　街友、貧民越來越多，成為加拿大各大城市的「通病」，而來自各方的社會援助至關重要。其中，食物銀行鼓勵民眾捐出食物和金錢。在各城市社區內的社區中心、超市商店、教堂、消防站等機構，都可以看到食物收集站，許多企業商家每年都主動為食物銀行進行募集食物和資金的活動，共同對付「貧窮」和「飢餓」。

17〉食物銀行開始供應新鮮蔬果

好手好腳不工作？

讓街友與低收入戶都有新鮮蔬果食用。

我們很難想像，好山好水、富裕美好的加拿大，怎麼可能有人連三餐溫飽都難以為繼。加拿大慈濟成立以後，我們就積極尋找可以回饋的項目。那年暑假，我回臺灣，我太太和一群師姊們四處詢問，找到了第一個幫助的對象：食物銀行（Vancouver Food Bank）。

不是窮人才來食物銀行

加拿大第一家食物銀行成立於一九八一年，地點在愛民頓（Edmonton），之後多倫多和溫哥華等城市相繼成立當地的食物銀行，至今全加拿大共有一千八百三十個食物銀行據點。

目前加拿大華人密度最高的大溫哥華地區，共有七十五個食物銀行據點，每週為逾兩萬八千人提供援助，多數是兒童和年長者，每年所接收、購買和分發的食物高達四百二十萬磅。

有人難免質疑，食物銀行是否有被濫用之嫌，指責領取者「好手好腳不去工作，怎麼來領救濟？」經過社工解釋，我們才知道除了遊民，其實食物銀行也幫助了很多正面臨困難的人度過難關，有些人可能是失業、有些則是單親媽媽，這些突然

遭遇生活困境的人，無法支應生活的必要開銷，所以排隊領取食物銀行的救濟品。

令人欣慰的是，許多人靠著食物銀行的及時援助度過難關，等找到工作、領了薪資，他們也記得回饋食物銀行一張支票，或奉獻時間來當志工，感念涓滴之恩。

增加新鮮蔬果

溫哥華食物銀行在溫哥華東區，一個月當中，除了有一週是街友的 Pay Day，政府會發給支票，其他週都有固定發放食物。每次發放我們都捐出加幣一千元，連續五年，這對溫哥華食物銀行無異是很大的助力。

雖然食物銀行的食品都來自捐獻，需要的人可以免費領取，但這裡的食品質量仍然必須獲得保證。這裡所收到的各類食物中，一旦發現有食品標籤貼錯、過期或外包裝開封、破損等，就不能發放，而會被運往垃圾場銷毀。

最初溫哥華食物銀行只提供乾糧和罐頭，沒有新鮮的蔬菜及水果，我們開始捐助後，就協商將這筆錢用於購買蔬果。此決定影響了後來溫哥華食物銀行的政策，開始有固定預算購買新鮮蔬果。而這個改變，對請領食物、需要救濟幫助的人來說非常重要。

有次我們在食物銀行發放物資，一位跟著爸爸前來排隊的小男孩，才五、六歲的他相當活潑，因為沒耐心等待，脫隊

跑來前面看看今天我們準備了什麼。當他發現其中有新鮮的青蘋果時，馬上開心的對著隊伍另一頭的爸爸大喊著：「Daddy, Daddy, apple, apple.（爸爸，這裡有蘋果！）」

興奮的小孩馬上引起志工們注意，師姊隨即拿起一顆青蘋果給他，原本又跑又跳的他，突然不好意思起來，直問：「我真的可以收下嗎？」在師姊熱切的招呼下，小孩怯生生的收下青蘋果，雙手捧在手心端看許久，也不急著回去找爸爸，就在師姊面前咬了一大口蘋果。

那既珍惜又迫不及待的表情，還有咬下蘋果時的開心滿足，都寫在他的笑臉上，讓在場志工們留下深刻印象。

現場有位師姊，看著眼前的小男孩，因為一顆青蘋果就如此喜悅，不禁想到自己在家準備日本進口的蘋果給孩子吃，還要三催四請、愛吃不吃。這樣的強烈對比，讓在場的志工們更加感嘆，要教育孩子珍惜擁有。

服務付出收穫最大是自己

有位師姊住在溫哥華西區，我們去拜訪她，看到房子又大、裝潢又好。那一帶風景優美，視野遼闊，但是家裡的窗簾卻全都是緊閉，彷彿她緊閉的心門一般。她跟我們抱怨，先生常回臺灣做生意，「商人重利輕別離」，獨留她在加拿大看顧小孩，看得出來心情不太好。那時食物銀行正好需要人手，我們便邀請她一起來當志工，她也一口答應。

那天，這位師姊依約前來食物銀行當志工。正巧，有位單親媽媽帶著孩子來領東西，師姊雙手奉上時，看到對方跟自己年紀相仿，外表打扮也不錯，但同樣身為女人，單親媽媽必須來排隊領餐，而師姊站的位置卻是「給」的這一邊。一個月後，她跟我說，覺得「自己站對邊了」，原來她很幸福。

　　這個發現讓師姊頓悟，自己可以站在給予的位置，是因為先生辛苦的在外工作，讓她和孩子過著生活無虞的日子。她突然了解：「先生是愛她的！」不用為錢擔憂、不用煩惱生計，這就是先生給她的愛。

　　之後，我們再次到她家拜訪，大房子裡的窗簾全部打開，陽光也照進來了。她先生回到溫哥華後，帶著一張加幣五萬元的支票來慈濟，我打開一看，驚訝的說：「（加幣）五萬塊，這麼多？！」他說：「不多不多，這是一點教育費。」接著好奇的問我：「我對她說我愛她，說了很多年，她都不相信。您到底說了什麼，就讓她改變了？」

　　我對她先生說：「我什麼也沒說，是她自己去當志工，是那個環境改變了她。」

18〉食物銀行的氣氛改變了

如果因為生氣就不做了，

不僅放棄了服務的機會，也放棄了自我修行的良機。

在服務的過程中，我們體認到，在加拿大這樣的西方國家，不是滿腔熱忱就能做好志工工作，特別是在有文化差異的社福機構，想要施展拳腳並不容易。

慈濟進入食物銀行服務，總是穿著整齊的制服，用最真誠的笑容待人，說「Good morning.」、「Have a good day.」，再用雙手奉上物資。領取物資後，還有師兄們會協助將食物搬上車，一條龍的服務，讓食物銀行的氣氛改變不少，充滿和樂。我們在食物銀行初試啼聲，服務滿一個月後，引起溫哥華電視臺的注意，前來採訪。

收到來自上帝的祝福

有次發放過程中，有位穿著體面的白人男子看到我們，特地走過來問，「你們是佛教徒嗎？」志工們點頭稱是。突然，男子解開襯衫釦子，手往胸前一掏，當時真是嚇壞師姊們了，一陣緊張。

只見男子從襯衫中，掏出掛在胸前的「十字架」，對著志工們說：「願我的上帝保佑你們！」志工們鬆了一口氣，也回

之以禮，「我們佛教徒也能受到您的上帝祝福，真是太榮幸，也太令人開心了！」大家紛紛感恩男子的祝福。

三個月後，食物銀行主任前來辭別，說他要轉任到多倫多了。他說，和我們在一起，像是跟一群angel（天使）工作，他感覺很榮幸。

食物銀行換了主任後，偶爾有「踢到鐵板」的時刻。龐大的食物銀行運作已久，自有一套要求。有時換了負責人，彼此還不熟悉，或有諸多要求挑剔，這樣的磨合總令志工們不免感到沮喪。還有人來領取食物，卻像是逛市場似的挑三揀四，或是想要多拿一些，這些種種，難免讓志工們感到不開心。

負責食物銀行志工服務的劉秀貞師姊便對我說：「那我們不要做了，好不好？」

我說：「我尊重妳們。妳們可以自己決定，但能到食物銀行這個志工站服務並不容易，食物銀行本來就有很多內外部規定，但是仍願意把發放食物的工作全部交給我們，這種機會很難得。就像師父說的，不是他們請我們來的，而是我們自己爭取來服務的。」

這位師姊聽了我的話後，繼續在食物銀行服務，後來還升為站長，之後當上組長。她女兒讚嘆地說：「您們真厲害，居然能改變我媽媽！」她原本習慣躲在父親身後，個性非常害羞，如今竟然可以主持會議，分配工作，領導志工，她真的改變了。

志工站也是人間道場

對食物銀行這樣頗具規模的社福機構來說，當然歡迎更多志工的加入，也樂意給予志工實質上的回饋，像是在食物銀行擔任志工，便可以享有優先領取食物的權利；換句話說，只要當天來做志工，就可以先去領一包食物，這種以勞力換取所得的概念合情合理，對某些人來說也是很好的激勵。

但對慈濟志工來說，我們並非為了食物而來，也不是為了褒揚獎勵。我們一心只為服務社區，不是來當警察糾察的，也不要認為當志工就很偉大。所謂的「志工站」，字面意思是慈濟人去服務的機構或地方，但更深層的意涵是—— 每個志工都是「站」，都是「道場」，是來修行的。

如何修行？在人群中修行最是難得。假如某個食物銀行的經理架子很大，我們就學習面對，這些都是修行的機會。

上人說：「生氣是拿別人的錯懲罰自己」，假如因為生氣就不做了，我們不僅放棄了服務的機會，也放棄了自我修行的良機，更讓許多等著我們發放物資的人們，看不到我們充滿笑容、感恩的文化。

幾十年的志工服務生涯，難免會有力不從心的時候。每每遇到不順心時，我總是想起師父說的：「他們都是菩薩扮演的。」正是為了考驗我的心智。當我不再生氣苦惱，而是轉念、換位思考，用尊重體諒的態度來面對，反而柳暗花明。

師父的話是讓我們堅持下去的動力，後來加拿大各個食物

銀行的據點陸續交給我們發放，我們還能自由使用他們的辦公室。可見整個機構的態度從原來對我們的挑剔懷疑，逐漸轉為信任肯定，雙方成為合作緊密的夥伴關係。

　　像食物銀行這樣的社福機構認知到慈濟人的心態後也發現：一般志工流動率很高，不像慈濟志工都是長期穩定的。因為我們的協助，他們不用經常招募志工、不用重新訓練新手，更重要的是，因為我們的感恩與笑臉，讓食物銀行的氣氛變得溫馨，這些都是慈濟志工帶來的改變啊！

一封給慈濟志工的信

　　持續不斷的服務，終於讓加拿大社區感受到我們的愛。素里食物銀行執行長羅蘋・坎貝爾（Robin Campbell）曾經在一場志工感恩茶會中寫了一首詩給我，表達社區民眾對慈濟的感謝。

I was cold, you gave me a warm blue jacket.
（我寒冷時，你給我溫暖的藍夾克。）

I was sad, you smiled and laughed with me.
（我悲傷時，你親切地對我微笑。）

I was feeling low, you showed me respect.
（我感到卑微時，你對我表示尊重。）

My bags were heavy, you carried them for me.
（我袋子沉重時，你順手幫我提。）

I had lost myself, you treated me with dignity.
（我迷失時，你以人性尊嚴對待我。）

I felt empty, you filled me with love.
（ 我感到空虛時，你用愛填滿我。 ）

I felt alone, you stood beside me & I was not lonely anymore.
（ 我感到孤獨時，你站在我身邊讓我再也不孤獨。 ）

I was hungry, you gave me food.
（ 當我飢餓時，你給我食物。 ）

The Surrey Food Bank needed help And the Tzu Chi asked,
"what can we do ?"
（ 當素里食物銀行需要幫忙時，慈濟人總是問：
「我們能做些什麼事？」 ）

羅蘋剛上任時，想要改善發放食物的流程，不要讓排隊的人等太久。同時食物銀行內部也因老舊需要整修，她也希望環境可以變得更為明亮，讓來領取的人心情也能輕鬆一些，但是苦無預算。

她於是請我們提供協助，但只有三個休息日能完成內部整修，我們聽了，覺得這簡直是不可能的任務！但是素里市的師兄姊們膽大心細，三天完工，整個環境煥然一新。執行長大為讚嘆，慈濟實現了她的夢想。

每逢星期三，輪到我們去協助發放時，她就放心的把整間食物銀行交給慈濟運作，由我們安排人員調度，自由使用辦公室等等。

而素里市每年一度的重要活動——食物銀行的感恩早餐會，當地所有議員、政府官員都會出席，我們每次都會受邀致詞，並捐贈贊助金，該區的主流社會都對慈濟讚譽有加。

19〉為千人煮餐，上了雜誌封面

慈濟志工雙手奉上餐盤，
來領餐的街友都是我們招待的貴客。

救世軍，是全球知名的國際宗教暨慈善公益組織，在加拿大被稱為「Sally Ann」，是首屆一指的慈善團體。成立於一八六五年，由卜維廉（William Booth）、卜凱瑟琳（Catherine Booth）夫婦在英國倫敦成立，以軍隊形式為其架構和行政方針，並以基督教為信仰基礎，在世界各地以街頭布道和慈善活動、社會服務著稱。

早在一九九三年開始，慈濟以佛教慈善團體的身分，跨越宗教藩籬，與基督教機構攜手合作，每個月的第二個星期五，在救世軍的餐廳提供溫哥華東區附近的街友和低收入戶免費午餐，來吃午餐的人數大約有六百人左右，持續二十三年之久。

備料煮食媲美大廚

早年我們的志工群大多是臺灣移民，這些師姊們的先生大多數都在外地打拚。她們賦閒在家，保有臺灣人熱情助人的特色，但也有兩大特點：就是「英英美代子」，閩南語講的閒閒沒代誌；還有「臺大英文系」，臺灣長大聽到英文就「系」（閩南語）。

然而，加拿大慈濟的草創時期，卻是由這些志工師姊一路護持而來。大家都很願意走出家門，盡一己之力，幫助更多人。令人開心的是，她們每個人都燒得一手好菜。每次輪到慈濟供餐時，就能看到志工師姊們在救世軍的專業廚房內忙裡忙外。

準備數百人份的餐點，可不是件簡單的事。大家又不是專業廚師出身，就靠著精細的分工，堆積如山的食材，要有人先洗菜、切菜，接著把食材放入那數百人份的大湯鍋，光是要攪拌、調味，也得用一支像是船槳似的鍋鏟，再請出孔武有力、經驗老到的師兄來「操槳」，像是煮軍隊的大鍋飯一樣。每個人都揮汗如雨，但是都不以為苦，反而越忙越開心。

開始供餐時，人群魚貫進入，志工們忙著配菜、盛飯，還不忘親切問候：Good morning、Good day、Thank you。歡笑聲不絕於耳，每個來領餐的人都是我們招待的貴客。

吸引媒體報導千人宴

歷任的負責人（我們尊稱為 Captain）都說，平常發放餐點，沒看過街友露出那樣的笑容，但是每逢慈濟發放，每個街友都是那麼的歡喜，他們看了也很開心。

我們供應的餐點口味很好，每次整理善後，看到食物都被吃到盤底朝天，原本在廚房忙碌的志工們，疲勞頓時煙消雲散。有趣的是，這些吃過「慈濟特餐」的遊民們不只自己捧場，甚至還「呷好道相報」，救世軍的煮餐服務，慈濟提供的不僅是

食物，更加上滿滿的溫暖，這份溫暖是來自於熱騰騰出爐的可口佳餚，和志工以雙手奉上餐盤時滿臉的笑容。我們希望餐風露宿的街友們能在享用一頓飯菜的同時，感受到被尊重、被關愛的幸福。

我們跟救世軍合作大約一個月後，有次活動還吸引上千人來領餐，因此造成轟動，登上了媒體。

加拿大全國性的《McLean's》雜誌，用大大的標題寫著「本地英雄」（Local Heroes），讓我們知名度大增，後來出了中文版，更以加拿大慈濟為封面。之後我們在小山養老院的服務，更引起卑詩省《太陽報》注意，以整版報導登出，《Business in Vancouver》也接著前來報導慈濟在當地的慈善活動。

我們與救世軍長期合作，除了為街友煮餐外，每年還會舉辦一次冬令發放，也曾協助蓋安寧病房等費用，捐款達臺幣四百萬元。

這個時期，因為媒體的大量曝光，慈濟志工的形象大幅提升，受到本地社會的普遍讚揚，連帶使得榮董數量大增。然而更重要的是，我們跨越了宗教藩籬，與基督教合作，一起為街友服務。

延伸閱讀　關懷街友 不只照顧身體也勵志

20〉一瓶洗髮精讓街友狂喜

一瓶洗髮精帶來的快樂，

冬令發放給街友們溫暖！

加拿大地處寒帶，冬季酷寒，時常下雪，街友和低收入戶的處境極為艱辛。因此加拿大慈濟每年在大雪來臨前會進行冬令發放，物品內容包括：牙刷、牙膏、沐浴乳、洗髮精、毛帽、毛手套、厚襪子、環保袋，也會配合需要發放靴子、毛毯、厚的防雨外套，或有帽子的長大衣。

我們原本還想發放圍巾給街友禦寒，但救世軍的人表示不可行，原因是街友可能會用圍巾來輕生。聽到的當下，我恍然大悟，也同時感受到與經驗豐富、歷史悠久的夥伴團體共同合作的重要性。

我們發放的地點包括各城市的救世軍、遊民之家、原住民健康協會、社區教會和慈濟的共修處所。合作方式是由各機構提供領取者的名單，以及遊民實際需要的用品，再由慈濟採購、發放。值得一提的是，我們注意到，救世軍在細節處的體貼，以及西方國家對人的尊重，他們對這些領取物資的人，都稱呼「客戶」（clients），沒有任何貶低或歧視的意味，這點相當值得我們學習。

送上星巴克咖啡

我們發放的所有物品都經過嚴格把關，是超市買得到，平常我們在家會使用的品牌。厚外套也是市面上品質良好的品牌，和慈濟志工們冬季穿的衣物同款式。

從二○○六年開始，直到二○一五年十二月，全加拿大至少有十多個發放站，每年都進行物資發放。以列治文區食物銀行為例，共發出六百二十九份物資。這些我們看來稀鬆平常的生活物品，對於餐風露宿的街友和買不起禦寒衣物的低收入戶而言，如同雪中送炭。

街友們領取物資時，需要排隊等候，我們準備熱騰騰的星巴克咖啡，讓大家暖暖身子。我注意到，當他們拿起星巴克的紙杯，臉上都帶著笑容。等到領取物品時，志工還會蹲下幫忙套上靴子、穿上外套和大衣、拉上拉鍊，確保尺寸合適、穿著舒適。

有位街友穿上外套和靴子後，用冰冷的雙手顫抖著緊握住一位師兄的手，眼裡泛著淚光說：「真暖、真好，很久沒有那麼暖和了……」他哽咽著，幾乎說不下去，隨後給了師兄一個擁抱，讓在一旁的我看著既揪心又欣慰。

用款待的心情關懷街友

我還見到一位女街友打開物資袋後，拿著一瓶洗髮精狂喜的說：「我終於可以好好洗頭了！」原來她之前都只能去拿各

品牌的試用包，分量很少，總要省著用。沒想到，這次能拿到一整瓶的洗髮精。事實上，這不過是一瓶超市架上常見的洗髮精，更是我們習以為常的家用品而已，卻讓她的生活頓時充滿驚喜和幸福感。

有一年我們跟東區居民協會合作發放，並在禮堂提供晚餐。師兄、師姊們在為街友們準備餐點時，就像在家裡為自家人準備用餐一樣，會細心的將桌面鋪上桌巾、搭配鮮花，並備好餐巾、餐具。

我們供應飯店等級的南瓜濃湯，而非速食湯料包。志工們還會穿上圍裙，像服務生一樣，讓他們感受到尊重，用完餐點，還會有志工拿著咖啡和茶彎著腰問：「Coffee or tea？（要來點咖啡或是茶嗎？）」

當天，還有個二十來歲長相清秀的女孩在用餐時，因為頭髮滑落擋住了臉，我太太剛好看到，於是伸手幫她撥開頭髮。沒想到，這位街友突然抬起頭對她說：「剛剛那一刻，我突然覺得好像回到小時候，我媽媽在幫我撥頭髮一樣，好溫柔、很溫暖。」說著說著，她的眼睛竟然泛著淚光。

有些年輕街友，有人因為家庭暴力或其他複雜原因而流落街頭，其實不少人都很有才華，他們共同創辦名為《Street Youth》的刊物，我們還曾贊助這份刊物三年。他們的畫作結合了街頭塗鴉的元素，近似尚·米榭·巴斯奇亞（Jean-Michel Basquiat）的風格；他們的詩文寫得很感人，文辭也很優美。

雖然他們的人生故事不如意，但我們衷心希望能給予他們一些支持。

　　這些在社會角落的遊民，需要被理解關懷，所以即使只是一瓶洗髮精、一杯星巴克咖啡，或只是一個小動作，他們都格外感動，並感受到我們對待他們如同家人。

第五章
老人篇：
老吾老，以及人之老

 緣起

　　在歐美社會，父母認為孩子成年後有自己的生活，自己住進養老院頤養天年，孩子定期探望，對彼此都很好。在這種觀念下，加拿大政府和社會逐步構建養老制度，聯邦政府及各省政府不僅為老人發放養老金和生活補貼，還鼓勵並資助各地區籌辦養老機構，使老年人能夠老有所養、老有所依、老有所終。

　　加拿大的養老機構有政府資助的公立養老機構，也有私人投資的養老企業，還有社區或教會創辦的非營利養老組織。按照不同的護理服務等級，加拿大養老機構可以分為以下幾類：老年公寓（Senior Apartment），主要接受五十五歲以上的「年輕老人」；獨立生活社區（Independent Living），亦稱退休公寓（Retirement Apartment），

主要接受生活基本能夠自理、但需要一定照料的退休老人；輔助生活護理中心（Assisted Living Care）和長期護理中心（Long-term Care），亦稱護理院（Nursing Home），主要接受失去生活自理能力的老人。還有持續護理中心（Continuing Care）則是一種綜合養老服務機構。

想進公立養老機構，從登記到入住，沒等個三五年根本排不上。私立養老機構的收費從每個月加幣三千元到加幣八千元、甚至上萬元的都有，如果是服務健康、生活可自理的老人的養老機構，通常機構內會提供膳食交通、娛樂休閒、房間整理、衣物清洗和基本護理等。至於照顧無法獨立生活、甚至需要二十四小時醫療看護者，不僅需照料生活，還多加了「護理醫療」的服務。

慈濟從九〇年代開始就在加拿大的一些養老院進行志工服務，這些養老機構大都收容失去生活自理能力的老人家，他們在身心各方面更需要多一些呵護與關懷。

21〉老人享用慈濟特餐

親暱貼著臉照顧，像對自己父母，
養老院變溫馨，讓老人對生活有了期待。

我們最初投入老人關懷的契機，始於一九九二年，透過社
工介紹，參觀庫柏養老院（Cooper Place Senior Home）。院內設
備、環境都很不錯。我心想，老人住在這裡應該都很快樂吧！

院內約三成左右是華裔老人，我在走道上看到一些人在輪
椅上垂著頭，看起來無精打采、悶悶不樂的樣子。原來，養老
院中提供的餐食都是西式，不符合華裔老人的口味；還有許多
老人孤身一個，沒有親友探視，心情更差。社工詢問我們可否
每週來為這些老人煮一頓中式餐點。

生活與精神上的陪伴

一九九二年十一月開始，每週五早上九點，慈濟志工們就
到市場購買食材，前往溫哥華的庫柏養老院，為老人家準備熱
騰騰的午餐。

第二間養老院是從一九九三年元月開始，志工每週四為
小山養老院（Little Mountain Care）提供午餐服務。我們在小
山養老院，每星期大約為五十位老人服務，直至二〇二〇年一
月，整整二十七個年頭，我們所提供的餐點已有超過七萬人次

品嘗過。

我們精心準備的「慈濟特餐」，美味健康，一推出就頗受好評，就算是非華裔老人，對這種別具風味的蔬食餐點接受度也很高。我們的菜單時常推陳出新，希望老人家們在熟悉的家常口味中，品嘗到驚喜。長期下來，我們熟知某些老人的口味偏好，還有人會來點餐，指定下週要吃什麼。從美味的食物開始，讓老人們對生活有了新期待。

我們到養老院的服務不只是煮餐，從最基本的陪伴聊天，也帶著他們做簡單的氣功，唱卡拉OK等。我們做的不只是日常生活上的服務，還以中、英、粵三種語言分享《靜思語》，走進老人們的內心，給予精神上的支持，透過與人互動，重建他們的人際關係。

除了每週的餐點服務，每逢大型節日，如中秋節、聖誕節，養老院還會提供廚房場地，讓我們在那裡備餐，準備節慶佳餚。過年時，志工們會精心準備表演節目，像是臺灣人熟悉的山地歌舞、帶動說唱等，都大受歡迎。

漸漸的，老人們都知道下週可以吃到哪些好料，遇上節日又會舉辦什麼活動，也知道志工們每星期都會來，知道我們可以依靠。原本住不慣養老院的華裔老人，再也不會因為無聊而想搬離養老院，還有幾位年紀過百的人瑞，真如我們所說的「長命百歲」呢！

年輕老人服務百歲人瑞

　　加拿大西岸的養老院志工站中，曾有三位資深志工——快樂婆婆、郭翠蘭師姊和林玉英師姊，她們都是從七十多歲開始服務到九十歲，每星期都坐巴士來，風雪無阻，每位都有超過十五年的志工經驗。

　　還有位從香港來的師姊，已經六十多歲的她，時常照顧一位一〇五歲高齡的老奶奶，每當她推著輪椅，都會彎下腰把臉緊緊的貼著老奶奶的臉，像是在為自己父母推輪椅一樣的親暱，畫面令人動容。這位老人家總開心的對他人分享，在人生最後階段，有一群人如家人般的照顧她。

　　在加拿大東岸多倫多、蒙特婁、首都渥太華，當地志工都會固定到養老院服務。過去十多年來，我們也固定在每週二和週六兩天前往關懷專收重症老人的博康醫院（Bridge Point Hospital），這裡有點類似臺灣的療養院，除了煮食、照護和陪伴，我們也會依需要捐贈。例如，我們曾捐贈加幣十萬元購買預防褥瘡的病床墊。

　　值得一提的是，博康醫院原本有自己的志工制服，後來也將慈濟制服列為院內制服之一，可見慈濟志工長期的服務獲得信任，已被視為博康院內的志工團體。

　　這樣的現象和緊密合作關係後來變得很普遍，我們進入多家養老院服務了二十餘年，就如同養老院的夥伴。我們服務的養老院，氣氛也有了一些改變。像是庫柏養老院內的老人們對

每星期的志工到訪相當期待，都坐著輪椅來迎接，希望當第一個幫我們開門的人。而老人們的家屬也對志工敞開心房，大家都像親人一樣相處。

　　經過十年多的合作，我們獲得院方的完全信任，甚至同意我們在院內舉辦浴佛節活動，老人們可以自由參與，這在限制宗教活動的養老院中是很特別的通融。

22〉志工的親子關係更緊密

陪老人聊天看照片，
付出的人，反而收穫更大。

有位師姊的女兒正值高中年紀，平日管教甚嚴。有一次我
去師姊家中拜訪，正好她女兒放學回家，她一進家門就走進房
間關上門，再「叩」的一聲把門鎖上。師姊說，她們母女倆已
經冷戰好一陣子，女兒老是抱怨媽媽管她太多、太嚴格。

冷戰的母女因服務老人破冰

有一次，我們邀請這位師姊一起到養老院服務，也請問她
可否邀約女兒一起來？師姊說：「好啊！」一口答應。在加拿
大的學校教育中，從小就培養孩子們做志工的觀念，因此師姊
的女兒，雖然與母親正在冷戰，但得知此行是要去當志工，還
是跟著一起來。

當天師姊的女兒負責照顧一位年近九十歲的白人長者，他
從前是一位船長。我注意到，老人拿出很多照片給女孩看。老
人看起來特別喜歡這個女孩，一邊翻著照片，一張張解釋著，
表情十分愉悅。老人說著說著，可能累了，就抓著女孩的手睡
著了。女孩不敢移開老人的手，就怕吵醒他。直到我們要離開，
她才小心翼翼挪開老人的手，跟著我們一起回去。

過了幾天，師姊開心的告訴我，從養老院回家的路上，女兒跟她分享：「我今天才知道『老人』也曾經年輕過，『老人』把年輕的歲月奉獻給家庭、社會，現在已經老了，住在養老院裡也不埋怨，活得很自在。」

　　「可是這似乎不太公平。『老人』一生為家庭付出這麼多，小孩卻沒有回報。」這時原本和媽媽冷戰的女兒語調變得柔和：「媽媽妳放心，等妳老了，我不會把妳送到養老院，一定會把妳帶在身邊。」

　　多麼令人感動的話語，母女之間的誤會也隨之冰釋。這位師姊很有感觸的對我說：「去一趟養老院，竟然就改變了我女兒。為什麼師父說要感恩。啊！現在我懂了。」原先以為當志工是要幫助別人，反而是那位老人幫了她，「無心插柳柳成蔭」，老人的生命經歷教育了她的女兒，也拉近了母女關係。

了解人生的無常

　　這樣動人的故事不只一樁。在高貴林，盧淑媛師姊總是帶著兒女一起去養老院服務，其中有位九十歲的白人老先生跟師姊很投緣，每週都會詢問師姊來了沒，一見到她，就開心的聊個沒完，兩人互動如同祖孫一樣，持續了許多年。

　　有一年暑假，師姊回臺灣省親，九月開學時才回到加拿大。沒想到，她再到養老院服務時，這位老人已經離世。她聞訊非常難過，宛如自己的親人往生一般。重感情的她因為沒能

見到老人最後一面，難過了很久。

　　過了好一陣子，這位師姊開心又感動的告訴我，兒女看到她這麼難過，安慰她說：「媽媽，我們知道您會這麼難過，是因為老先生走的時候您不在，沒有見到最後一面。人生無常，哪一天您走的時候，我們不想因為不在您身邊，而難過後悔。您放心，這種事情不會發生，我們會一直賴在您身邊。」

　　付出本身就是福報，做服務的人反而領悟最深、收穫最大，利人利己。潛移默化中，親子關係改善了，人與人之間的感情也更為緊密。

23〉老夫妻教我們疼惜夫妻緣分

老先生吃光自己盤中的獅子頭，

老太太會心一笑，把自己的那份都給他。

養老院中，不乏老夫老妻的身影，他們牽手共度人生，熟悉到只要一個眼神和動作，都可以看到對彼此的疼惜與承諾。

看他們分享與分離

志工們在構思養老院餐點的菜色時，想到老人家們應該很久沒吃到獅子頭。有次煮餐服務，便特別用豆腐做了素獅子頭，每個老人分到六顆。果然，素獅子頭一上桌，老人都開心的不得了。

有對八、九十歲的夫妻，老先生一下子就把六顆獅子頭都吃下肚，眼睛還一直盯著老太太盤子裡的獅子頭看，老太太會心一笑，把自己那份全給了老先生。有位師姊在旁邊看了很感動：「原來老夫老妻是這麼互相疼惜的，我也應該要好好疼惜先生。」

在加拿大，養老院因為護理需求不一而有不同的收容入住規定，所以即使是夫妻也不見得能住在一起，兩老中有一人入院、另一人不能隨伴同居的案例時有所聞。

有次，慈濟的一對夫妻檔師兄姊，看到養老院中一對結

婚超過一甲子的白人夫妻不能同住院中，妻子只能在子女陪伴下定期來見丈夫一面。每次相見的時候，兩人總是淚流滿面，鶼鰈情深，令人鼻酸。這對師兄姊尤其感觸深刻，夫妻兩人年過半百還能健康的生活在一起，攜手服務其他老人，真的很幸運。在養老院看盡人生悲歡離合，也讓他們夫妻倆更懂得珍惜相處的時光。

信守對老婆的承諾

看盡老人家的生命故事，志工們同時也寫下自己的生命故事。許進富師兄踏入慈濟擔任志工的緣由，就是為了實現對妻子的承諾。

原來他牽手數十年的妻子莊美蓮師姊過世了，師姊生前長年在小山養老院擔任志工，他則因為工作忙碌，一直未能參與。然而師姊過世前告訴他：「我已經做了十幾年志工，請你接替我繼續關懷老人。」

原本興趣缺缺的他，依約在師姊過世後成為慈濟志工，每星期準時來找我們報到，一起到養老院服務。剛接觸老人服務的這位師兄，就幫忙推輪椅、做帶動，有時候則充當翻譯，陪老人家聊天，就這麼延續著師姊的遺願。

我問這位信守承諾而來的師兄：「上人說付出還要感恩，你花這麼多時間來服務，有什麼感想呢？」

他說：「我要感恩。我現在已經六十多歲，也夠資格進養

老院了。在這裡我不僅可以感受到與妻子同心的溫暖，還看到很多不同類型的老人：有人是埋怨型，有人是冷漠型，有些人則是自閉型，有人愛生氣，也有人很開朗，將來我一定會是這幾種類型的老人之一，那我當然要選開朗的。」

　　接著，師兄拿下自己的名牌給我看，背面竟然還有另一張莊師姊的委員證！他說：「我每次都會帶著她一起出來當志工。」也很感恩師姊要他延續擔任志工的遺願，「我現在知道，要當個快樂、開朗的人，跟年紀多大沒有關係，與處在什麼環境下也無關，都只是一個心念而已。但如果可以，我要當一個志工型的老人，到九十歲都還能服務別人！」

24〉連一碗湯都是用心服務

別以為人到了就是當志工，
不管是服務、做好事，都要用心讓對方感受到。

有一次我拜訪愛民頓（Edmonton）聯絡處，約了志工分享服務的情形。其中有位志工說：「到養老院不知道要做什麼，跟老人說話也不回答，我覺得那兩個鐘頭好難熬。」原來有些志工覺得和老人們沒話講，所以就算人到了，也只是站在門口和自己人聊天。

我告訴這些志工，不是人來了就是「做志工」，你要真的去照顧這些老人，讓對方感受到你的關心和愛。其實，很多老人只要你在身邊聽他講話就好。

所以我說：「老人講的你聽不懂，沒關係；你講的他不懂，也沒關係。他需要的是有人聆聽，而且不要期待一次、兩次就能讓他們聽懂你的話、感受到你的熱心，畢竟凡事都需要一些時間才能有所成。而且光看志工臉上的表情、身體語言，就能感受到你是否用心。」做志工，本來就是一種學習。隨後，我分享了幾個志工的故事。

改變做志工的心態

其實，很多老人都很有個性。像那位曾和女兒冷戰的媽

媽曾和我們分享,剛去養老院的時候,因為大刺刺的個性,到了吃飯時間,她就大手一揮,喊著:「吃飯了!吃飯了!」結果她發現有的老人不理睬,於是再喊一次,手又一揮,「吃飯了!吃飯了!」有個老人就瞪她:「我又不是聾子,妳幹嘛講兩次?」

師姊聽了當下有點生氣,心想:「我是志工,為什麼這樣對我?」後來想通了,是自己沒有用心,沒有一對一真誠的邀請老人們用餐,以為自己這樣喊一喊,大家就應該聽話過來吃飯,應該要一個一個去關心,請他們來吃飯才是。

她明白了,不要以為自己來做志工就很偉大。沒有「我叫你來你就要來」這種事。她也了解到,別以為人到了,就是做志工,就是做好事。心念一轉,她知道是自己不對,馬上改進,反而豁然開朗。

我當時就把這個志工的故事,分享給愛民頓的師兄師姊們,又過了一陣子再與他們見面分享時,大家都有體驗和收穫。其中一位說,在服務老人的過程中,想到自己的媽媽:「我對不認識的老人都這麼有耐心,卻無法親自照顧遠在馬來西亞的媽媽,覺得很對不起她,我會好好照顧別人的媽媽來報答我媽媽。」

另一位志工的媽媽已經過世數年,她說:「轉換想法後,我以服務別人回向給過世的媽媽。感覺盡到一份孝心,就安心許多。」

臺式清湯改廣式煲湯

真正的用心都藏在細節中，即使是一碗湯，用心與否，滋味大不同。早期服務的養老院中，師姊們用心煮菜而廣受歡迎，只是飯菜雖然吃得精光，但每次煮的湯總是剩下很多。

志工請教養老院的社工後才恍然大悟，原來院裡的老人大多是廣東人，他們習慣喝煲湯，而非臺式清湯，所以不合他們的口味。但是，煲一鍋湯得要花五、六個小時以上，就算提前早上八點到養老院，也來不及準備，該怎麼辦？

這些師姊真的很有心，決定前一晚先在家煲好湯，第二天再帶去養老院加溫。果然換成煲湯後，每次都鍋底朝天。

我們服務老人，不能有「你煮了他就一定要吃」的心態，老人不喜歡當然有其原因，我們要真正的了解並且尊重。若不去體會上人的話，沒有「感恩、多用心」，有些人會以為自己來做志工很偉大，以為大家都要聽你的，用心服務的真諦就被蒙蔽了。

到養老院服務，我們體會到「子欲養而親不待」，上人也說：「行善、行孝不能等。」另一方面，師姊們不僅練就煲湯的好本事，也都通過專業課程，拿到「食品安全證」（Food Safety License）。

25〉慈青服務老人，成為銀行之寶

除了資深志工們，也有慈青加入，
用上人的法，在職場很成功。

二〇一一年，加拿大長者事務國務部首任華裔部長
（Minister of State for Seniors）黃陳小萍（Alice Wong）多次
公開感謝慈濟對老人的服務，她說：「在加拿大社會，有一個
華人團體可以服務這麼多的養老院，且這麼長期，這點讓我們
感到很驕傲。」

聯邦政府對華裔志工也給予高度肯定，黃陳小萍部長還曾
代表史蒂芬‧哈珀總理（Stephen Harper）來向慈濟表達感謝，
發給養老院志工每人一張感謝狀。我們特別邀請當時的資深志
工，高齡九十的郭翠蘭師姊代表受獎。

「資深」志工成為典範

其實，加拿大慈濟有多位超過九十高齡的資深志工，他們
的服務熱情堪稱典範。

有位曾繁心師姊現已九十多歲，她從七十歲開始做志工，
二十多年來，她每週轉搭兩班公車到養老院，去陪這些老朋友
聊天，風雨無阻、從未缺席。由於家學淵源，她學問很好，能
用英、粵、國語分享《靜思語》，並引用《聖經》、《論語》

的內容來說明它們的共通性。我在場聽了，覺得她引用這些經典解釋很有創意，十分佩服。

還有位資深師兄總笑說：「活到老、學到老。我做服務為了打發時間，更為了多學一點，免得被自己兒孫比下去。」他的開朗和毅力感染了很多人，不少六十幾歲的師兄師姊們都說：「我也會是其中之一，我要做個志工老人，要服務人，活在當下，不要只是等著別人來服務。」

這些資深志工們服務的身影與笑容深深烙印在我們心中。受到前輩志工的影響，也有更多年輕的生力軍投入志工站。

慈青感恩上人的法

多年前，我在多倫多和一位慈青閒聊，我問她：「妳現在在哪裡上班啊？」

她說：「我在銀行上班。」

我說：「妳大學四年都在做志工，這麼長時間以來，有沒有什麼心得？上人教導我們付出還要感恩，妳付出這麼多時間來服務，認同上人說的要感恩嗎？」

她肯定的說：「我非常的感恩！」

我問她：「為什麼？」

她說，學校畢業後就在一家銀行擔任櫃檯。有一天，銀行經理發現，明明別的櫃檯前是空的，但她的櫃檯前卻是大排長龍，許多年長者都寧願排隊等她。這個現象讓經理不禁好奇：

「為什麼妳對老人這麼有魅力？大家都寧願排隊等妳？」

她告訴經理，擔任慈青時曾在養老院服務四年，每個星期都去，所以能理解老人的心態，知道怎麼和他們對話、怎麼提供服務，「因為我把這些老人當成自己家人，不會沒耐心」，因此她才特別受老人喜歡，都到她的櫃檯前排隊。

經理一聽，感到她是個不可多得的人才，是銀行之寶。於是把她調到貴賓理財部門，還安排她學習個人理財課程。事實上，若非經理的賞識破格提拔她，以她的資歷，不可能這麼快獲得調升的機會。經過職位轉調與一連串的專業學習，她的職位如今更上一層樓。

她說，「我只是依著上人的法，付出還要感恩，才能獲得如此大的回報。」

多做多得獲老闆賞識

另一位在溫哥華的慈青也說，大學畢業後，她到一家大公司工作，這才發現，一切都和學校教的不一樣。

以前在學校不懂可以問老師，可是進了公司，若是有什麼不懂的想問同事，對方會說：「這本來就應該要知道啊！」每個人都忙，沒人理會她。想請同事幫忙，對方也認為這是她的本分工作，無法協助。一度讓她對職場環境感到失望。

她後來想起在慈濟服務時學到上人說的「慈濟四神湯」——知足、感恩、善解、包容，可以提升「精神免疫力」。於

是決定自己努力學習，若有同事請她幫忙，也不計較過去曾被拒絕，仍然伸出援手。慢慢的，她和同事之間的關係逐漸好轉。

沒想到，好不容易跟同事關係變好，卻發生老闆在下班前丟一疊文件給她，要求明早完成。不僅沒有加班費，還要熬夜完成。一而再、再而三，幾次過後，她忍不住自問，為什麼老闆要這樣待她？

此時她想起上人說過的，於是用「善解」的方法，轉念一想，「多做多得，盡一份本分，學一份本事。」這樣也許可以讓自己在工作方面學得更多，於是她繼續把每份工作做到好，要第二天早上交付工作也沒有怨言。老闆看在眼裡，覺得她是可造之材，予以肯定，她也很快就嶄露頭角，一路升職。隨後，老闆也為她安排休假。

《靜思語》的每句話語，都是上人親身經歷所感悟的心得，而慈青們在親自實踐後，更能領悟「做中學，學中覺」的智慧。

第六章
病人篇：
中西醫聯手，提升醫療品質

 緣起

　　加拿大和臺灣一樣，都有全民健保。加拿大醫療制度是全民都享有免費醫療，一律在「公營」的基礎上運作，反對「私營」模式。換句話說，不分貧富，無論地位，病有所醫，急有所救，命有所保。

　　人人平等的公營醫療制度，曾被美國前總統柯林頓讚譽為「世界上最好的社會醫療制度」。所以，在醫院急診室裡，可能左邊病床躺著一家公司執行長，右邊病床則是個流浪漢，這是加拿大人引以為傲的人人平等。

　　只是，等待就醫的時間過長，光是預約專科醫師可能就要等兩三個月，等候核磁共振檢驗要花上兩三個月，想進手術室，等上一年半載都是常事。往往小病拖成大病，常引人詬病。

加拿大智庫菲沙研究所（Fraser Institute）每年都會研究調查加拿大整體輪候醫療診治時間，根據二〇一九年數據顯示，每位病患平均要等待二十個星期才能接受治療。因而我們在此推廣中醫，也希望可以提供多一種就醫選擇，用不同管道幫助需要的人。

26〉支持兒童醫院，我們受邀到白宮

從溫哥華兒童醫院開啟的醫療志業，
還讓愛心跨海飛越了太平洋。

加拿大分會成立初期，在醫療方面回饋的第一步，就是為醫院募款。

當時溫哥華的卑詩省兒童醫院（B.C. Children Hospital）每年都需要對外募款，師兄姊覺得應該幫助病童，因此都願意出錢支持醫院。

一九九三年開始，連續七年，我們固定捐款給兒童醫院。

每年，兒童醫院基金都會透過電視進行大型募款活動，有一年我們有三十多位志工應邀參加，在伊莉莎白劇院演出手語歌曲傳達愛心，並擔任現場志工接聽募款電話，這些都在電視現場播出。

就這樣，慈濟和溫哥華兒童醫院有了第一次接觸。

柯林頓、比爾蓋茲餐會

一九九六年，溫哥華兒童醫院主動提案，有個傳統醫學應用在兒童病症上的研究項目，詢問慈濟可否提供專案捐款資助？

我們了解狀況後決定捐助加幣五十萬元，並邀請兒童醫院的計畫負責人到臺灣和前慈濟醫院小兒科主任、也是現任慈濟大學校長王本榮醫師見面，雙方交流專業意見。

加拿大慈濟對溫哥華兒童醫院的長期捐助，受到兒童醫院肯定，更有意外的收穫。那時北美地區二十六家兒童醫院聯合成立了一個組織 Children's Circle of Care（簡稱 CCC），這個機構為了表彰美國和加拿大地區的主要捐贈者，每年都會以小型私人晚宴或大型年度盛會的形式表達感謝，並藉由這個活動讓成員們了解兒童醫院的發展計畫，而成員們慷慨解囊，至今募款已經超過美金九十億元。

這些活動受到美加政府，包括歷任總統、社會的支持。一九九五年，我們第一次受邀到美國白宮，贊助者們來到白宮

的大草坪，一起受到當時總統柯林頓與夫人希拉蕊的招待，並與現場上百位贊助者共進晚餐。一九九七年的晚宴，則在當時加拿大總理尚‧克瑞強（Jean Chrétien）位於蒙特婁的會所舉行。第三次（二〇〇一年）則是邀請成員們到西雅圖，與比爾‧蓋茲在當地最古老的私人酒莊餐聚。

東西方對於慈善人士的回饋不同：東方人習於「為善不欲人知」，西方人鼓勵人做好事的方式也讓我們學習很多。

有感於慈濟的愛心，溫哥華兒童醫院基金會主席菲‧懷特曼（Faye Wightman），也與我們建立深厚友誼，不僅親自到分會拜訪，還應邀來臺灣兩次，面見上人，並參加慈濟周年慶的相關活動，親身體驗我們的人文精神。她在臺灣期間曾接受電視採訪，說到：「非常感謝慈濟所做的一切事情，此行也對慈濟有更深的認識。」講著講著，感情豐富的她甚至流下感動的淚水。

考量病人需求再捐助設備

繼兒童醫院之後，我們也捐助天主教醫院、婦女醫院、溫哥華總醫院等，因捐款額度不小，也引起社會的注意，知道慈濟對醫療方面的支持。

當有醫院提出需要捐款時，我們會親自去醫院裡關懷病人、了解需求。醫師也會親自來分會向我們提案，說明為什麼需要這個設備。捐款前，我們會邀請募款單位所在的互愛組一

起開會討論，決定是否要支持捐款。

有一次滿地寶的鷹嶺醫院（Eagle Ridge Hospital）提案需要購買治療攝護腺肥大所需的導尿管，這個看似簡單的醫療設備，對病人來說卻意義非凡。過去舊式導尿管設備比較粗，使用的過程常令病患痛不欲生，嚇得許多老人家不敢去檢查治療；而新型導尿管則很細，可以立即減輕患者的痛苦，讓病患能夠早點醫治、早日康復。

高貴林地區的苗萬輝師兄在聽取院方代表與醫師們的簡報後，與大家討論，決定捐贈設備。沒想到，我們捐贈後，也有其他團體隨即響應捐助，理由是：「慈濟有捐。」簡單的一句話，卻是對慈濟志工們努力的肯定。

又例如，我們曾捐贈靜脈注射儀（Vein viewer）給列治文醫院（Richmond Hospital），這個儀器可以清楚照到血管，打針時就能一次到位，對於一些血管較細的求診者是一大福音。

為癌症研究中心買儀器

我們的捐贈單位還包括溫哥華癌症研究中心，當時研究中心負責人是諾貝爾獎化學獎得主、UBC教授麥可‧史密斯（Michael Smith），第一次捐加幣十萬元，第二次加幣五十萬元（其中一半由省政府相對捐款），用來購買加拿大西部第一部基因分析儀（Gene sequence analysis）。這個設備對研究中心很重要，有了它之後，收到很多委託檢測基因的案子，就有

足夠預算可以購買第二部、第三部儀器，如今該中心已經成為加拿大西部的癌症研究重鎮。

二〇〇三年，SARS（嚴重急性呼吸道症候群）疫情爆發，溫哥華癌症研究中心成為全球第一個分析出SARS基因的單位。他們還曾經特別寫了一封感謝信給慈濟，由於我們捐助第一部儀器拋磚引玉，才能有如此傲人的成績。

我們與捐助的單位都會安排互訪，除了去參觀對方的機構，也會邀請他們到分會，說明慈濟的理念，雙方積極建立良好的關係。每逢周年慶、歲末祝福時，我們與各單位也都會互訪，討論本年度的合作狀況，見見好朋友。這些回響，遠大於我們原本只想回饋的初心，也讓加拿大慈濟廣受醫界肯定。

27〉「愛幼」要有心，不是「爱幼」

興建慈濟愛幼中心關心新生兒，
因為我們給孩子的是「愛」，所以要有「心」。

有一次，溫哥華兒童醫院的謝華真醫師主動來找我。

畢業於哈佛醫學院，曾獲公民最高榮譽的「加拿大勳章」（The Order of Canada）的他，成立了「加中兒童健康基金會」與「宋慶齡基金會」合作，專門到大陸農村幫助農村兒童。

九〇年代，大陸經濟尚未起飛，有些農村缺乏新生兒保溫設備，嬰幼兒無法得到妥善照顧，衍生出許多健康問題。於是謝華真醫師自一九九五年開始，透過基金會在大陸農村推動「愛幼中心工程」，希望加拿大慈濟分會也能援助捐贈興建「愛幼中心」，跨海幫助遠在數千公里外大陸鄉村的母親和孩子。

愛字的心怎麼不見了？

在這些愛幼中心，設置有孕婦生產的相關設備及新生兒保溫箱，當時援建一間只需要加幣兩萬元，他們已經捐出一百多間，我們則以「慈濟愛幼中心」為名，陸續支持十五間。這些愛幼中心分布在許多省分，包括安徽、河南、江西、四川、浙江等地，當時這些地區的農村還很落後，相較於現在的繁榮，不可同日而語。

捐助期間，我曾到浙江嘉興參加中心落成的掛牌儀式，因為招牌是以簡體字書寫，我發現，我們的「愛」字變成簡體字的「爱」，中間的「心」不見了！我想了想，對謝華真醫師說：「這是我們給孩子的『愛』，要有『心』。」所以之後又把「爱幼中心」都改成有心的繁體字：「愛幼中心」。

愛幼中心本是由加拿大與當地小兒科醫師團隊組成，結合很多大陸醫學院和醫師的網路資源。上人說：「行善不能等。」我很感恩，當初能在他們最需要的時候伸出援手，對當時偏僻的大陸農村來說，宛如一場及時雨。如今許多農村已經現代化，資源也相對充足。

傳統醫學中心新里程碑

在大陸偏遠鄉村援建了十多間「愛幼中心」後，我們投入一個更龐大的醫療捐助計畫。

因為謝華真醫師有意在加拿大推動中醫，並和溫哥華總醫院（Vancouver General Hospital）的執行長莫瑞‧馬丁院長（Murrey Martin）決議成立傳統醫學中心，希望慈濟能支持。我們覺得這個構想很好，但是規模與所需金額甚鉅，希望他能親自向上人報告。

於是謝華真醫師回到臺灣慈濟向上人做了兩次簡報，說明傳統醫學中心的創設理念與未來發展，得到上人同意，加拿大分會就全力支持中醫發展。我們在溫哥華凱悅飯店舉辦募款餐

會，獲得相當大的支持。

　　一九九六年，以中醫和另類醫學為名的「慈濟傳統醫學中心」（Tzu Chi Institute for Complementary and Alternative Medicine）正式成立，由謝華真醫師擔任第一屆慈濟傳統醫學中心執行長。開幕當天，包括省長、省督、衛生廳長都親自蒞臨，由省長主持剪綵儀式並致詞。

　　我們的合作夥伴包括：溫哥華婦女醫院（Women's Hospital）、溫哥華兒童醫院（Children's Hospital）、聖保祿醫院的天佑醫療機構（Providence Health Care）、卑詩省理工學院（British Columbia Institute of Technology，簡稱BCIT）等，共八個醫學機構加入。而溫哥華總醫院內部，也經過不同級別醫師的兩輪投票通過此案，其他合作的醫院接著也陸續支持本計畫。

　　此醫學中心成立與運作的費用，由多個單位與機構提供。溫哥華總醫院（Vancouver General Hospital）每年捐加幣十萬元，其他醫院捐加幣五萬元，慈濟所募得的捐款則作為行政費用。在這個計畫中，我們只捐錢、並且擔任董事會成員擬定重大決策，醫院的經營交由專業團體管理。其他醫院的捐款，再加上當時由卑詩新民主黨（New Democratic Party，簡稱NDP）執政的卑詩省政府支持，每年提撥加幣六十萬元挹注，都做為中心的營運費用。

　　每次開董事會，各家醫院執行長都親自參加，對醫院進行

中的研究項目認真討論。他們的熱誠讓我深受感動，能跟這些大型醫院的管理階層開會，對我而言，就像在臺灣跟臺大、榮總、馬偕等各大醫院院長開會，真的覺得「滿光榮的」，我更樂見上人的理念能在這裡受到各界的尊重。

28〉中醫師獲認證，從此也是 Doctor

中醫發展的新里程碑，

成立中醫管理局，還發證照給中醫師。

在「慈濟傳統醫學中心」開幕時，卑詩省長簡嘉年（Glen Clark）致詞表示，中醫不只獲得華人社區大力支持，主流醫院也全力相挺。他感謝慈濟長期推動傳統醫學中心的案子，進一步強化社區和醫院間的關係，讓中醫發展有更多可能性。

慈濟傳統醫學中心成立的過程，讓卑詩省政府見證並體認到傳統療法的重要性，因此在同年（一九九六年）十二月，成立卑詩中醫藥管理局（College of Acupuncturists of British Columbia，簡稱 CABC）籌備處，由中僑互助會主席樂美森擔任籌備主席。

身兼我們顧問律師的樂美森告訴我，「省長簡嘉年在中僑舉辦新聞發布會上說：『I was inspired by Tzu Chi Institute for Complementary and Alternative Medicine.』（是慈濟傳統醫學中心啟發了我。）」原來，我們影響了省長。

省長公開表態支持中醫

事實上，曾有中醫師私下對我表示，像省長這樣的政治人物表態支持中醫，是冒著很大的政治風險，如果因此得罪西

醫，更非人所樂見。是因為開幕當天他看到華人社群和主流醫院都表示支持，他才覺得「時機到了」。

更令人振奮的是，一九九九年六月「卑詩省針灸管理局」正式合併，擴大成為「卑詩省中醫針灸管理局」，由樂美森擔任首屆主席，這是北美首次由政府發證照給中醫師，牌照分為四種：草藥師（Herbalist）、針灸師（Acupuncturist）、中醫師（Practitioner）及高級中醫師（Doctor）。其中，高級中醫師的稱謂，也是用「Doctor」，跟西醫相同！

傳統醫學能在加拿大獲得官方認證，要歸功於各地中醫師們長期推動中醫體制化有成。慈濟傳統醫學中心的成立，則代表加拿大醫界、政府官員對中醫的肯定。中醫有了監管部門與相關法規約束後，能進一步提高社會上的能見度和公信力，越來越多人接受中醫診治，促使中醫教育的重要性成為公眾視野的焦點。

中醫進入醫療體系意義非凡

二○○八年卑詩省政府正式將針灸納入全民醫保（Medical Services Plans，簡稱MSP）的範圍，成為加拿大第一個將針灸納入健保計畫的省分（但僅適用低收入家庭）。患者在選擇治療方法時，若是選擇卑詩省註冊中醫師或註冊針灸師主治，可享有一年十次的免費診療。如此一來，針灸治療和物

理療法、專業按摩所享有的醫保待遇一致。

二〇〇一年卑詩省省選，新民主黨敗選，改由自由黨（Liberal Party）執政。面對低迷的經濟，改組後的新省府提出一連串政策以節省開支。二〇〇二年公布的醫療改革計畫，其中每年挹注給慈濟傳統醫學中心的預算，也被全數刪除，省府推動中醫的計畫宣告終止，醫界與我們都深為可惜。

中醫進入醫療機構，在卑詩省是一大突破，相當難得，對西方社會來說是很大的改變。雖然慈濟傳統醫學中心未能延續，但我們仍有很多收穫。最重要的是，促成卑詩省成為北美首個由政府發給中醫執照的地方，成立中醫藥管理局；其次，因為這個計畫，提升中醫的社會地位，後來受到朝野兩黨的重視與政策的支持。

過去，在加拿大要學習中醫針灸，主要的教學場所位於各省支持開設的私立中醫針灸學校，教學品質良莠不齊。二〇一三年，政府財政預算還足夠時，當時的省長簡蕙芝（Christy Clark）提出支持昆特侖理工大學（Kwantlen Polytechnic University）開辦中醫系，進一步推動中醫教育的發展，朝野終於有了共識。

中醫進入國家醫療體系的意義為何？以臺灣為例，根據中醫師公會全國聯合會發表的數據，從二〇〇〇年起，每年有六百五十萬人找中醫看診、每年就醫次數高達四千兩百萬次，二十年下來，已經累積七‧七億次就醫，可見臺灣民眾對中醫

看診的需求很大。

納入全民健保的中醫尚且如此，而沒有加入健保體制的，例如我的好友——針灸名醫溫崇凱，他是位開著超跑的中醫師，憑著高超的中醫藥專業，以及與病人的良好關係，還有自創的溫式針灸法，病人們口耳相傳，每天有上百人慕名而來。

在溫崇凱醫師的診所裡，總是可以看到他與病患談笑風生，就像家人、老友，這樣的醫病關係相當正面。我相信臺灣有很多這樣的中醫師，他們的病人都是自費看診，減輕了不少臺灣健保花費。希望有一天，加拿大也能像臺灣人一樣，在西醫之外還有中醫可以選擇。

29〉臺灣文化節中醫義診

醫師走出診間,在戶外診療,
每年近千人到臺灣文化節慈濟中醫義診排隊。

成立慈濟傳統醫學中心時,能獲得這麼大的支援,是我們所始料未及。即使熄燈後,我們仍希望在加拿大持續推動中醫,並且找到一個可信任且願意投入的中醫師,自己經營。

很幸運的,邱桂秋師姊介紹了鍾政哲(Michael)醫師給我們認識。他畢業於臺北醫學院(現臺北醫學大學),在大陸拿到中醫博士學位,曾擔任卑詩中醫針灸管理局的主席,擁有豐富的教學和中醫執業經驗。

他相當支持慈濟成立中醫院的想法,於是我們邀請他到花蓮慈濟與上人見面。上人很認同發展中醫的想法,並將慈濟籌設中醫院的重任賦予鍾政哲醫師。

街頭義診教養生

二〇一一年九月,由加拿大亞裔活動協會吳權益主辦,我們協辦的臺灣文化節,並首次在會場舉辦中醫義診。我們在溫哥華市區最熱鬧的固蘭胡街(Granville Street)搭起長長的兩排帳篷,由鍾政哲醫師號召二十多位中醫師在活動地點義診。

沒想到,現場等待諮詢的民眾排成一條長龍,其中可見各

族裔的面孔，有人說中文，也有英文、法文、西班牙文等各國語言，許多人的病痛因此得以緩解。鍾醫師後來告訴我們，這是他第一次碰到病患看完病，還會回頭到掛號臺感謝醫師的。

參與活動的民眾反應熱烈，但因為戶外帳篷的環境條件有所限制，我們以安全為原則、遵守當地的法規，只為患者諮詢、把脈和教育，不提供針灸服務。

在場的多位中醫師輪番上陣，教導民眾「健康動起來」，建議平時可以多活動哪些關節、多按摩哪些穴道，說明淺顯易懂，人人都能自己動手做，引起熱烈好評，不少民眾紛紛用手機拍下來，直說回家要好好跟著動一動。

「預防重於治療」是我們推動中醫的想法之一，讓中醫不僅是治療疾病的另一種選擇，也能成為日常生活的一部分。慈濟在臺灣文化節現場宣揚「健康動起來，幸福跟著來」，希望各族裔民眾進一步認識慈濟和中醫，希望廣結善緣。

連續四年，慈濟都在臺灣文化節現場推廣中醫，後期還新增好幾頂帳篷作為臨時診療室，讓醫師可以依據患者需要，現場實施「徒手療法」來解決患者的病痛，得到立即的治療效果，讓首度嘗試中醫療法的不少民眾「驚為天人」。當時就有民眾說：「沒想到中醫這麼神奇，下次我一定要試試針灸。」

幾年來，每場義診的病人多達上千人。活動為期三天，整條街放眼望去盡是穿著醫師袍的中醫師，好不熱鬧。感謝中醫師們共襄盛舉，把握機會與更多民眾互動。當天現場若有無法

立即處理或需要後續診療的病人，都可以再私下尋求醫師的協助。

西岸的溫哥華臺灣文化節義診活動，成功帶動中醫走入人群，東岸的多倫多分會在副執行長莊立仁的帶領下，也成功推動中醫義診，這幾次合作更促成當地漢博大學（Humber College）與慈濟合作的因緣。

在鍾政哲醫師的帶領下，慈濟人醫會在加拿大不定期為低收入、原住民、街友、偏遠地區、學校特殊需求及老人社區提供中醫義診，以針灸、推拿，配合漢方藥作為治療方法，角色從過去協助配合醫療機構，轉為主動提供服務。至今義診超過三百五十場，有七千多人受惠。

人醫會推動各國醫師交流

二〇一三年七月，已經成立兩年的「加拿大地區慈濟人醫會」（TIMA Canada）在溫哥華舉辦第一屆中醫學術研討會，為期兩天，以「經方與針灸」為主題，進行十三場演講活動，藉此讓本地醫師與各國醫學專家有更多的交流。

與會專家包括加拿大、美國及大陸共六位名醫進行專題演講，並安排現場口譯，提供非華裔醫師戴上翻譯耳機同步學習。只見海內外中醫共聚一堂，臺灣也有十二位中醫師與會。往後每年的中醫學術研討會，我們都推陳出新，並深化專業內容。例如：二〇一四年起增加英文場次；二〇一六年，還增加

工作坊單元，除了分享授課，學員們還能現場觀摩名醫實地演練針灸與推拿的技巧。

溫哥華總圖書館更邀請慈濟舉辦中醫講座，一連進行五個月，講座以英文進行，很多西方人都參與聆聽，是總圖書館的熱門講座。

管理市長的六百條肌肉

有一年，有位西醫外科醫師背景的演講者是專門研究人體肌肉的中醫，他與老師從許多病例中發現，有些病痛不用挨痛開刀，只要透過肌肉推拿就可緩解症狀。看了他示範之後，我覺得真有效，就馬上打電話給當時的本拿比市長高力勤。

我知道他已經連續一個月受肌肉疼痛所苦，甚至因此無法出席公開活動。一個鐘頭後，他到了分會，下車的時候，他穿著短褲，彎著腰走，神情痛苦，連打招呼都顯得勉強。中醫師隨即為市長進行治療，過程中，只見中醫師耐心推拿調整他的每一條肌肉，並細心詢問疼痛的程度。

四十分鐘療程後，市長的神情已經明顯輕鬆許多，但感覺腳底好像還有些不適。醫師安慰他：「我們只是先休息十分鐘，等會再繼續」。稍作歇息後，又繼續進行推拿二十分鐘。當市長再度下床時，竟然歡呼說：「我全都好了！」他終於露出笑容，然後打電話給他太太，說晚上可以出席原本取消的市政活動。

我在一旁陪同，見證了整個療程，也感到不可思議。中醫師甚至沒有使用針灸，只是推拿一個小時，就改善了折磨市長一個月的疼痛。市長對中醫推拿大呼奇蹟，離開前不斷致謝，中醫師謙虛地說：「您管理十幾萬的市民，我只是管理您的六百條肌肉罷了！」

運動處方讓市長恢復健康

隨後我又打電話給高貴林市長理查‧史都華（Richard Stewart），他因為酷愛運動，年輕時曾打球受傷，三年前又遇到一場大車禍，有次舊疾復發，疼痛到難以忍受。 他說：「I live with pain.（我與疼痛共處。）」這二十多年來，因為沒有不痛的一天，已經學會和疼痛共處，也練就過人的忍耐力，平常還是忍痛騎腳踏車當運動。

他接到我的電話就立即趕來。這位市長的療程也是差不多一小時，來的時候他還拄著拐杖，推拿完後就馬上說：「奇怪，不痛了！」然後笑著離開。中醫師同樣開給運動處方，要他持續運動復健。

一年後，我在臺灣文化節遇到史都華市長，他說：「我照著中醫師開的運動處方持續做，現在不需要拐杖，已經好了。」市長終於不用「live with pain」，我們的中醫師已經改變了他的健康。

中醫師徒手推拿，讓長年為身體疼痛所苦的患者，不必

開刀就能緩解症狀，重拾健康。這些政治人物就是最好的見證人，原來上帝賜給我們的雙手有如此大的妙用。

延伸閱讀　溫哥華臺灣文化節 老外大開眼界

30〉溫哥華國際中醫學院捐慈濟

歷史悠久的中醫學院想要捐校，

上人說光捐學校不行，也要捐人才。

「希望有一天，加拿大慈濟能設立一家中醫院」，為了這個目標，我們的腳步未曾停歇。持續舉辦街頭中醫義診、組織加拿大慈濟人醫團、舉行中醫研討會等，一系列活動逐漸凝聚起中醫界的力量。

時間回到二〇一一年，出現了一個善緣，為我們籌備中醫院的計畫開啟新契機。

呂聰明博士捐出創辦的學校

「溫哥華國際中醫學院」創辦於一九八六年，是加拿大西岸歷史最久的中醫學院。校長呂聰明博士、副校長何麗娜醫師及學校行政主任一起到分會拜訪，表示要捐學校給加拿大慈濟基金會。

呂聰明博士表示，自己年事已高，不希望賣掉幾十年來用心辦校的中醫學院，希望可以交由一個值得信賴的單位接手經營。他們觀察慈濟過去二十年所做的事情，認為把學校捐給慈濟，中醫學院會有更好的發展。

當然在做決定前，我們要先回花蓮見上人，聽聽他的想

法。於是我們一行人，包括溫哥華國際中醫學院的副校長何麗娜醫師、行政主任，都到了花蓮。上人聽完我們的報告後，樂觀其成，他說：「光捐學校不行，人才也要捐才行。」於是，校內原來的管理人才和老師們，都一起加入慈濟醫療體系。

由於先前慈濟傳統醫學中心的經驗，當時我們內部開會檢討並做了決策，相關計畫必須要有慈濟人進入管理階層、參與經營。何麗娜醫師和蔣曉玫主任經過此次花蓮行，深受感動，也表達加入慈濟的誠意。她們從五十小時的志工服務開始，經過兩年培訓，在二〇一四年十二月回到臺灣慈濟，經上人授證成為慈濟委員。

教中醫也教慈濟人文

在何麗娜醫師的帶領下，二〇一五年九月，「溫哥華國際中醫學院」正式成為慈濟醫療志業下的教育機構；隔年正式更名為「慈濟國際中醫學院」。

在這三年的轉移過程中，我們在溫哥華國際中醫學院開辦慈濟人文課程，包括靜思語教學、素食教學，也將靜思語張貼在學校的牆上。何麗娜醫師不只個人投入慈濟志工行列，也積極在學校推動靜思人文，時常帶著師生舉辦義診。

她曾說，學校在慈濟的護持下，不僅中醫課程方面有新拓展，在醫療人文方面也更加精進，培養出具有醫德與信仰的醫師。她提到，好幾次有學員進入學校諮詢就讀事宜，對學校牆

上貼的靜思語特別感興趣，對學校的認同與信心大增，很放心的報名入學。

　　慈濟國際中醫學院的學生主要是非華裔的西方人，以全英文教學，至今（二〇二〇年）創校邁入第三十五個年頭，培養上千名的中醫專業人士，對中醫落實在加拿大人民的醫療與生活上注入很大的力量。

前奧運選手當上中醫師

　　二〇一六年里約奧運時，隨行為加拿大運動員進行保健診療的中醫師多米尼克・維利（Dominique Vallée），就是慈濟國際中醫學院的畢業生。來自魁北克的她，曾是一位奧運滑雪板選手，後來轉換人生跑道成為執業中醫師。她完成學院四年的培訓後，還到臺北慈濟醫院的中醫部實習。

　　在那次的里約奧運會上，美國游泳名將菲爾普斯（Michael Phelps）下水時，身上出現的「圓形印記」引發熱烈討論。當時媒體大篇幅報導，菲爾普斯多年來以「拔罐」幫助放鬆肌肉和緩解運動傷害。

　　「菲爾普斯為拔罐代言」的熱門話題，連帶使得擔任隊醫的維利格外忙碌，隊員們紛紛找她尋求診療。加拿大代表隊此次參賽締造超越往年的佳績，維利認為，「能夠參與這次奧運賽事，看到隊員們的優異表現，真的與有榮焉，更高興我自己能在這裡，盡自己所學來幫助大家。」

　　接觸中醫後，運動員出身的她也觀察到，西醫的治療方式偏向直接針對患部治療，但中醫重視平日的保健，比較注重全身的調理。由此可見，在多年推廣下，中醫正逐步獲得西方社會華人以外族群的認同。

31〉多倫多漢博大學跟慈濟合作

西岸有慈濟國際中醫學院，東岸也有
漢博大學設立中醫診所，東西岸都能看中醫。

加拿大西岸的溫哥華有「慈濟國際中醫學院」，栽培優秀的中醫學子。加拿大東岸多倫多的漢博大學，則在二〇一八年正式成立「慈濟中醫門診暨教學中心」。

漢博大學成立於一九六七年，是加拿大最大的公立學校之一，全校有兩萬七千名日間部學生，五萬六千名夜間部學生，也是臺灣高雄餐旅大學的姊妹校。

成立中醫系、開診所

二〇一三年，漢博大學想要發展中醫臨床教學課程，便請教鍾政哲醫師：「您是否認識慈濟，能否代為引薦？」鍾醫師一聽直說：「找慈濟合作，問我就對了！」他也進一步了解，原來校內的健康管理學院若要成立中醫系，就需要有醫院或診所能讓學生實習，因此希望慈濟能在校內開設診所。

透過鍾政哲醫師的牽線，漢博大學與慈濟相談甚歡。經過兩年反覆商討細節，終於有了共識。由漢博大學提供校內場地、水電雜支；慈濟提供空間裝修、設備及人力。二〇一五年敲定合作案，隔年漢博大學向省政府申請中醫系，其中臨床醫

療的基地就交予慈濟經營。

二〇一八年春天動工，秋天正式啟用。十月五日是大樓啟用剪綵典禮，漢博大學校長惠特克（Chris Whitaker）、健康學院院長鮑威爾（Jason Powell）、安大略省中醫藥針灸管理局首席執行官麥艾倫（Allan Mak）、密西沙加市前市長麥考蓮（Hazel McCallion）、國會議員陳聖源等人均親自到場剪綵。

當天並同步舉行為期四天的「第七屆加拿大慈濟人醫會國際中醫學術研討會」，邀請二十二位來自香港、臺灣與加拿大東西兩岸的中醫界專家共襄盛舉。我看到那麼多加拿大政府要員和國際級中醫師齊聚一堂，一股「同心協力、使命必達」的振奮感油然而生。

教學生，也教大眾保健

與漢博大學合作的中醫門診暨教學中心，是慈濟在海外第一個以中醫為主軸的醫療點，也是加拿大第一個設在公立大專院校內的中醫診療中心。包括十五個診療間、科學中藥室、會議室、臨床教學觀摩室等。

漢博大學校長惠特克很高興能與慈濟攜手合作，一個提供硬體，一個搭建軟體，使學生能在設備完善的中醫診所中活用所學。而且學生可以透過校內診所實習，畢業時已具備豐富的臨床經驗，也建立自信心。

中醫藥針灸管理局首席執行官麥艾倫對漢博與慈濟的合作

充滿信心，他相信我們彼此會創造一加一大於二的效果，對中醫在加拿大的發展將有長遠的影響。

溫哥華慈濟國際中醫學院內的門診是以教學為主；但漢博大學內的門診，除了中醫系學生臨床實習外，還會有專業醫師駐診，並對社會大眾開放，提供全方位的專業中醫診療服務。

這個醫院除了是為患者診療的場所，同時也是一個推廣健康教育的機構，教育大眾如何日常保健、促進身體健康。過去多數西方人和其他族裔無法有系統的得知這類養生資訊，因此診所內時常舉辦推廣講座，如中醫食療、養生方法等等，希望讓更多人能從改變日常生活習慣建立預防疾病的概念。

中西醫攜手的未來

從二〇一七年開始，連續三年，漢博大學的副校長、健康管理學院院長及中醫系系主任都來臺灣拜訪上人。他們表示，能和慈濟合作，深感榮幸（very honored）。二〇一九年，漢博大學頒贈榮譽學士學位給我；因為中醫學院的合作淵源，漢博大學也進一步與慈濟大學各科系有更多的連結與合作。

中醫的未來發展值得我們期待。大陸著名女藥學家屠呦呦，在傳統醫學中尋找對抗瘧疾的物質青蒿素和雙氫青蒿素，獲得二〇一五年諾貝爾醫學獎。

她在頒獎典禮中提到，「中國古籍是一個大寶藏，很多寶藏我們還沒有發現，努力開發傳統醫藥，必將給世界帶來更多

的治療藥物，期許更多人投入中醫研究」。

確實，擁有數千年歷史的傳統醫學，是老祖宗經驗智慧的累積，若無法傳承下去，實在可惜。我們在地球的另一端持續推廣傳統醫學，希望將來中醫能夠利益眾生。

我深信中西醫合作是未來的趨勢，西醫的優勢在於效率高、系統完善，並有先進儀器協助醫師診斷病情，準確性高；中醫則根據病患整體的身心狀況來施醫施藥，並且重視預防勝於治療。中西醫兩者互補，必能對人類生命貢獻無窮。

延伸閱讀　加拿大漢博大學 頒授慈濟榮譽學位

32〉捐助醫療物資合力抗疫

政府倡導「人人待在家」，

雖然隔離了疫情，卻隔離不了愛。

　　加拿大慈濟分會的地址，就設在奧斯勒街上（Osler St.），這條街道的命名來自加拿大知名的醫學家、教育家威廉・奧斯勒（William Osler，1849-1919）。

　　奧斯勒被稱為「現代臨床醫學之父」，他開創了在病床邊教學的形式，建立了實習學生制度，讓學生以主動的方式親身參與到臨床醫療及教學活動中。他也是一位人文主義學者，認為醫師不僅應掌握專業的知識，還應具備一定的人文素養。他主張做一個寧靜的人，一個品行端正的人，一個有續航力的人。有生之年，他把對人類的愛、對人性的尊重、對人道的實踐與對全人的關懷融入工作、生活與教學中。

醫病、醫人、醫心

　　二〇一九年是威廉・奧斯勒誕辰一百七十周年和逝世一百周年，許多國際重要的醫學期刊和加拿大媒體都相繼發表文章彰顯其人其事。這位醫學界前輩，讓正在推動中醫發展的我深獲啟發。

　　奧斯勒的主張正是「加拿大國際慈濟人醫會」的目標和理

念。在我們的醫師眼裡不分族裔信仰、打破中西醫界限、走進城市鄉間各個角落，秉持著證嚴法師所提倡的「人本醫療」及「大愛無國界」的理念，從事非營利義診或是國際人道醫療救援。

我們培育新一代的中醫師時，希望他們內化「守護健康、守護生命、守護愛」的責任與使命。一如威廉・奧斯勒的名言：「行醫，是一種以科學為基礎的藝術。它是一種專業，而非一種交易；它是一種使命，而非一種行業；從本質來講，醫學是一種社會使命、一種人性和情感的表達。這項使命要求於你們的，是用心要如同用腦。」

醫者不僅醫病、更要醫人、醫心。威廉・奧斯勒倡導的思想，恰好與中醫秉持的精神有共同之處。我們逐漸感受到，僅靠某種單一的現代醫學技術，已難以應付人類身心病症複雜的轉變。西醫需透過大量精密檢查以確認病症，所費不貲，很多人無法負擔。中醫療法或許可以提供另一種解決方案。

捐款捐設備給醫院

二〇二〇年，迎來了人類史上的大風暴——新冠肺炎全球蔓延。一直竭力支持醫療志業的慈濟基金會加拿大分會，也在第一時間奉獻金錢物資和人力心力，直到七月中為止，為了因應疫情，慈濟已在全加拿大捐助超過加幣二十五萬元。

在西岸的大溫哥華地區，慈濟捐助溫哥華獅門醫院基金

會（Lion Gate Hospital Foundation）、聖保祿醫院（Saint Paul Hospital）基金會共約加幣八萬多元，支援購買醫療器材，包括生理監護儀、紫外線消毒器、電子體溫計等。

本拿比醫院則獲得慈濟捐助的加幣五萬元。院方表示，因為缺乏照顧重症病患的移動式呼吸機及食道擴張測肺壓器，慈濟這筆捐款無異是雪中送炭，及時幫助醫院購買這兩項器材。

列治文醫院基金會旗下的「新冠狀病毒緊急應變基金」，亦獲得慈濟捐款加幣四萬元，用以協助購買兩部生理監護儀。此外，在疫情發生前，慈濟剛向列治文醫院的骨科團隊捐贈加幣兩萬八千元添置組合式外固定支架。

列治文醫院基金會主席暨行政總裁孟詩娜（Natalie Meixner）說：「慈濟多年來一直是列治文市醫療保健的忠實支持者，他們的慷慨捐贈，讓我們的醫療團隊能夠提供最好的醫護服務。他們展現的領導力啟發社區大眾，我們對每位參與人士表示由衷的感謝。」

在東岸多倫多，慈濟捐贈了心臟監測儀器、口罩和加幣兩萬元救急金給安省延齡草基金會旗下的三個醫療院所：密西沙加醫院（Trillium Health Partners - Mississauga Hospital）、信任谷醫院（The Credit Valley Hospital）和昆士威健康中心。

魁北克省蒙特婁的凡登醫院（Hôpital de Verdun）亦在慈濟捐贈下，有了該醫院第一臺移動式呼吸機，緩解院方在呼吸醫療設備方面長期的匱乏。院方特地致信感謝慈濟：「在此危急

疫情之際，這臺呼吸機有了極大的用途，對我們守護病患的工作影響甚鉅。」醫院的期刊上也刊登了對慈濟的感謝狀。

提供口罩給弱勢團體

除了直接資助醫院、力挺醫護外，我們對於弱勢團體的照護也未曾停歇。疫情期間，我們除了增加對各城市食物銀行的撥款，也額外幫助許多低收入家庭和學童。

另外，透過臺灣慈濟本會送至加拿大的三十萬片口罩和上萬個防護面罩，更宛如一道春風，提供資源緊張的加拿大醫療院所、養老院和庇護中心多了一份安全感。

加拿大各城市的慈濟義工也不畏疫情，在遵守當地政府「保持社交距離」的防疫準則下，將口罩和面罩陸續送達需要的場所和民眾手中。這正是上人所說：「不請之師」，「受助者走不出來，我們走進去。」

更令人感動的是，在政府倡導「人人待在家」期間，慈濟的師兄師姊們仍然主動以電話關心社區內的弱勢民眾，彼此互相打氣。生活物質雖不虞匱乏，但心靈上難免空虛，更需要多一些呵護關愛。我們深信，隔離得了疫情，隔離不了愛。

就像卑詩省醫療服務管理局中央供應鏈副總裁梅琳達（Melinda Mui）代表省政府接受慈濟口罩贈送時所說：「慈濟是一個了不起的團體，一篇篇善的故事說不完。」

第七章

原住民篇：
中醫師走進部落，帶來希望

 緣起

　　早在一萬多年前，加拿大原住民就在這片寧靜之土生活。一般華人慣用 Indian（印第安人）和 Eskimo（愛斯基摩人）來稱呼原住民，但對加拿大原住民來說，這是帶有歧視性的語言。

　　「Indian」是「發現北美」的探險家哥倫布所強加的，他原先以為到達的是印度，所以使用了「India」（印度國）作為詞根來命名當地人。但哥倫布是「侵略北美」的代表，導致後來一連串的原住民歷史悲歌。對於北極圈內的土著居民來說，「Eskimo」同樣有侮辱的意思，原意是食生肉的人，也是白人侵略者對其傲慢的稱呼。這兩個字都帶有貶抑之意，並不宜使用。

　　根據一九八二年《加拿大憲法》規定，原住民（Indigenous

peoples，或 Aboriginal Canadians）包括：第一民族（First Nations）、因紐特人（Inuit）和梅蒂斯人（Metis）。目前加國原住民約一百一十七萬人，占總人口的三・一％。

在加拿大歷史上，還有一段「原住民寄宿學校」的悲歌。因為加拿大政府對原住民採取強制同化政策，試圖摧毀原住民的傳統文化、價值和社區結構，使其完全融入主流社會。加拿大前總理馬丁（Paul Martin）曾用「文化清洗」來形容當年政府的錯誤。

話說一八七〇年，加拿大政府開始建立原住民兒童寄宿學校，全國共計有一百三十九所。這些學校由聯邦政府出資、教會開辦，不顧父母的意願，就把大約十五萬名五歲至十六歲的原住民孩子從家裡帶走。這些孩子被迫遠離父母，換下傳統服裝、禁說母語，其中三萬多人在寄宿學校裡受到教會人員的虐待、體罰，甚至性侵。該制度持續逾一個世紀之久，直到一九九六年最後一所寄宿學校關閉。

加拿大政府意識到此同化政策的錯誤，陸續有政治人物挺身而出。九〇年代，在第一民族大會和因紐特人組織的支持下，寄宿學校的八萬名倖存者狀告聯邦政府和教會，成為加拿大史上最大的一起集體訴訟案。歷經十年的官司，最後雙方庭外和解，加拿大政府於是展開對倖存者的賠償，並在二〇〇八年六月十一日，由哈珀總理代表加拿大政府在國會上正式向受害者道歉。

33〉原住民部落義診

人醫會中醫師前進部落，

病人不能來，我們自己走過去。

　　原住民醫療在加拿大面臨很大的挑戰。主因在於有些部落在偏遠山區，生病了要到山區外求醫，出入一趟很不容易。

　　有位師姊的小孩在北卑詩原住民區當醫師，她說，前往該地區時，要先從溫哥華搭乘飛機，航程就要兩小時，接著再開車兩小時才能抵達。由此可知，即使國家提供健保可以看病，但是對於某些部落的原住民來說，求醫之路困難重重。

年輕原住民輕生求解脫

　　曾有位年輕酋長告訴我，光是二〇一四年，族內就舉辦一百餘場葬禮，而這些族人離世的原因，部分與病痛有關

　　酋長告訴我，「最令人不捨的是，其中有些年輕人因為看不見未來，對人生失望，而走上絕路。」

　　有些原住民青年高中畢業後，沒有穩定的工作，只能流落街頭，他們的處境令人心酸。於是，我們開始思考，還能為他們做些什麼？因為慈濟一直以來持續推動中醫，累積不少經驗與人脈。我們想到，中醫診治不需要龐大的醫療儀器，技術集於一身，具有進入深山和偏遠地區行醫的便利性，可以及時緩

解病人的痛苦。情勢刻不容緩，我們便開始著手前進原住民部落的中醫義診。

中醫療效佳、接受度高

二〇一四年九月十九日，慈濟志工陪同六位中醫師，一起前往阿伯斯福特（Abbotsford），為當地的蘇瑪斯第一民族部落（Sumas First Nation Band）義診，當天前來診療的原住民有三十九位。

原住民和中醫師接觸後，對診治過程都大感神奇，也相當樂於嘗試針灸與中藥，因為傳統草藥和他們文化中的醫療習慣相似，接受度很高。

第二次到部落義診，同樣由慈濟中醫人醫會派出六位醫師前往。當天有位拄著拐杖前來的中風病患，在經過治療後，不用倚靠步行器就可以自己行走；也有人換過人工關節，卻仍然感到疼痛，現場扎完針立刻減輕痛苦……這些主動前來、並且獲得診治的案例，讓我們倍感欣慰。

對於有些願意服用中藥的原住民病患，醫師也很慷慨，回到溫哥華後還免費將藥寄到部落中。

酋長親自有感體驗

因為中醫的療效頗佳，當時高齡八十七歲、患有弱視的酋長西爾伏（Dalton Silver）接受兩次義診之後，希望繼續治療，

親自到本拿比醫院的中醫門診看病。酋長也很幽默，第一次治療眼睛後就對醫師說：「我看到你有戴眼鏡了！」

　　對針灸有了信心，他持續接受三次治療後，開心的對醫師說：「現在我還可以看到電視正在播放的冰上曲棍球賽，甚至可以看到他們追逐的球了，我之前根本看不到。」酋長除了一再感謝所有醫師，他在接受大愛臺訪問時也語重心長的說：

「*I really appreciate what you people do for us native people.*
（我很感恩你們為我們原住民所做的）

It's really something for us.
（這對我們來說很有意義）

For somebody to come in here and help us, help our healing, to get well.
（有人來這裡，幫助我們，為我們治療，讓我們痊癒。）

And we'll be all healthy in the future.
（未來我們都會很健康）

The future for our children will be good.
（我們孩子的未來才會好）

They will have a future to grow up to, because of your healings.
（因為你們的治療，他們將有一個有希望的未來）

I'm really grateful for that and thank you for what you are doing for us.
（為此我很感恩，真的很感謝你們，謝謝你們為我們所做的一切。）」

　　酋長如此感動，是因為他們的孩子未來有了希望，這也是我們的希望與義診的目標。蘇瑪斯部落的義診廣受好評，有更多部落紛紛來洽詢，後來慈濟陸續在吉利華（Chilliwack）的紅杉部落（Sequoia）、史科凱爾部落（Skowkale）、米臣市

（Mission）里夸苗部落（Leq'á:mel），蘭里（Langley）的寬特蘭部落（Kwantlen），以及威廉姆斯湖市（Williams Lake）的多部落組織進行義診，或參與當地的健康日活動。

　　往返偏遠的原住民部落，慈濟醫師群從不喊苦，依循著「病人不能來，我們走過去」的信念，以堅定的腳步，一步步向前邁進。

延伸閱讀　原住民中醫義診

34〉原住民社區安全改善了

義診搭起了一座橋，
人醫會醫師前進部落，把診所開在你家。

中醫的推展和設立中醫院的工作就是「Keep Walking」
——持續走下去。我們的中醫師們走進了部落，就需要建立更
穩固的基地，才能走得更長遠。

加拿大最大的全國性報紙《環球郵報》（The Global and
Mail）對慈濟在當地原住民社區的中醫診療進行大篇幅報導，
提到針灸在治療疼痛方面的獨特療效，受到溫哥華地區原住民
的歡迎。

身體變好了也不再酗酒

我們曾經到訪海鳥島部落（Seabird Island Band）進行義
診，當天上午病人不多，但是來過的原住民們都讚不絕口，回
去向族人廣為宣傳。到了下午時間，竟然湧入六十多人前來，
讓中醫師們忙得不可開交。想求診的病人太多了，其中也有因
為病重無法走出家門的病患，中醫師便抽空親自登門看診。

有位海鳥島的原住民亞契·山姆（Archie Sam），因為在
工作和開車時受過重傷，一度要依靠醫療器材維持生命，儘管
現在身體狀況逐漸好轉，但多年來背痛始終無解，他又擔心藥

物會對身體和精神造成傷害，不願意服用止痛藥，一直忍受著痛苦。

山姆抱著姑且一試的心態，走進了社區內的中醫診所，進行針灸治療。他說，自己現在完全不需要服用止痛藥，因為身體狀況好轉，酗酒問題也獲得改善。山姆認為，傳統醫學正是他想要的治療方式，因此除了針灸，也開始嘗試天然草藥。

海鳥島部落的健康管理中心工作人員海倫・保羅（Helen Paul）對於慈濟與中醫帶來的改變很有感觸，她對我說：「我發覺像中藥、針灸等的另類醫療，都是真正呼應到病人的個別需求，看到這麼多人慷慨付出，讓人很驚喜。」

每次義診，酋長西摩爾（Clem Seymour）更從不缺席，永遠都是第一位就診，因為他說：「表達謝意的唯一方法，就是信任。」

原民針灸師回饋義診

二○一七年，由慈濟加拿大分會與卑詩省原住民衛生局（BC First Nation Health Authority）及西門菲沙大學三方合作，每隔週三至蘇納莫部落健康中心（Snuneymuxw Health Centre）提供服務，共同舉辦定期義診。

蘇納莫部落位於納奈莫島（Nanaimo），長期研究關注當地原住民健康議題的西門菲沙大學健康學院院長歐尼爾（John O'Neil），在此之前曾到臺灣花蓮參訪慈濟，了解了慈濟人醫，

也親自了解慈濟人醫會在原住民部落的醫療服務，他回到加拿大後便努力促成此事。

慈濟也特別聘請同樣是原住民出身的針灸師瑞秋‧埃尼（Racheal Eni）至島上服務，守護蘇納莫部落居民的健康。瑞秋表示：「我每次接診約十二至十三名患者，總是很早就被預約滿診。大家的回應都很好。」

該健康中心協調員查爾斯‧尼爾森（Charles Nelson）就說：「我發現很多過去不曾來過健康中心的人出現在這裡，顯見大家對於前來就診感到很自在且安心，因為對慈濟所提供的服務令他們感到很舒適與安全。」

連社區安全都改善了

加拿大慈濟中醫團隊進入社區後，蘇納莫部落總監瓊安‧布朗（Joan Brown）便曾形容這樣的改變，「從社區的角度來講，這很驚人。」

她說：「這裡提供民眾快樂與滿足感，因為有了恢復健康的機會。在醫師的幫助下，我下定決心要顧好自己的健康，這是一份真正的禮物，帶給人信心——『對，我值得擁有健康，我有機會恢復健康。』我跟社區的很多人談過，他們表示中醫義診幫助改善了西醫無法診治的問題。我認為，因為中醫是全面的，它也涵蓋了生理以外的問題，社區裡有太多『奇蹟』案例，我數不清。對於民眾的整體健康，都是靠中醫的幫助達到

的。這不只是一個專案計畫，更讓我們找回生活常規，恢復原住民生活方式。」

有次我又遇到瓊安・布朗，她對我說：「這半年來，我發覺社區變得安全了，我一直在『檢討』我到底做了什麼？為什麼有這些改變？想來想去，就是因為慈濟來部落了。除了這些中醫師帶給人信心以外，還讓居民們感受到被關心的愛。我們這邊不只是酒瓶、針頭減少了，社區變得更加安全，失蹤暴力也減少許多，也不用擔心小孩接觸這些不好的事物，而這些都是慈濟人帶來的愛與關心，所造成的改變。」

我們的長期目標，是希望能夠培養更多像瑞秋・埃尼這樣的中醫人才，讓這些原住民的下一代能夠學習中醫，回到自己部落服務，幫助族人。像是另一位原住民醫師卡琳・史密斯（Karyn Smith），便是畢業於溫哥華國際中醫學院（現慈濟中醫學院），目前正在卑詩省數個原住民社區服務。這些都是很好的開始，也希望能有更多人才投入，解決更多原住民族人的病痛。

延伸閱讀
原民部落舉辦義診 中醫系隨行獻良能

35〉關懷原住民婦女

原住民愛上中醫，
相繼在三個位於溫哥華東區的原住民社福中心義診。

溫哥華有個機構「原住民婦女中心協會」（Aboriginal Mother Centre Society，簡稱AMC），這裡是個庇護中心，有些原住民婦女會帶著孩子住在這裡，最長可住上半年。社會局會在這裡觀察這些婦女和孩子相處的情形，看看她們是否可以當個適任的母親，再決定是否要另外安置孩子。

乍聽之下令人匪夷所思，但是當我們越來越了解這些部落文化後才知道，原來歷史傷痕帶給加拿大原住民的傷害遠大於想像，並未因為政府的道歉與時間流轉，就消失於無形。除了對於祖先文化的認同、生活的困境，因為百年前的「原住民政策」，當時還年幼的原住民在沒有母親的呵護下成長，或許因為自己無法感受到母愛，不曉得什麼是「Mother」，也不懂得如何當個母親。

戒垃圾食物意外減重

原住民婦女中心協會一直希望可以更進一步幫助這些原住民婦女，重拾身心健康，加上中醫所崇尚的精神和原住民講究的自然醫學理念相似，因此他們也來找慈濟。於是我們便到原

住民婦女中心協會展開每週一次的中醫義診治療，有針灸，也提供草藥，受到許多原住民婦女的歡迎。

她們喜歡中醫的原因，來自診療的感受。在診療的過程中，醫生觀察病人的神情、聽病人訴說病情及治療的經過，再接著把脈、扎針。病人可以與醫師密切溝通，有助於放鬆心情，加上針灸留針時間長，整個療程約四十分鐘，患者可以躺著稍作歇息、聽聽音樂，得到舒緩身心的整體效果。

有位原住民婦女中心協會的經理，她親身體驗中醫療法，成功減重二十磅（約九公斤）！她每次來看診，都和醫師長談，說明自己的身體狀況，醫師會在談話中也貼心建議養生的方法，讓她明顯感受到被照顧與關心，原本因為壓力大、心情不好狂吃垃圾食物（Junk Food）的習慣，竟然就慢慢戒掉了。不僅成功減重、她的身體和精神也變好了！

用正能量影響她們身心靈

原住民婦女中心協會的義診主要是由高憲如醫師負責，診療結束後，副執行長鍾政哲醫師和其他醫師會聚在一起討論，並相互支援，整個醫療團隊對每位患者都很慎重，全心全意付出。站在第一線的高憲如醫師分享，原住民對中醫接受度很高。能貢獻所學幫助病患及其家人免於痛苦，讓她感到非常充實有價值。

在這裡的第二個診療室正式啟用時，當時原住民婦女中心

協會執行董事珍妮‧摩根（Jenny Morgan）特別到場感謝慈濟，她也透過中醫治療體驗針灸和草藥治療，她感覺身體狀況產生明顯的改變，不再經常疼痛無力或精神委靡。

慈濟周年慶時，代表溫哥華市長出席頒發慈濟日證書的原住民副市長惠綺文（Andrea Reimer）在致詞時表示，她曾經到訪原住民婦女中心協會，看到很大的改變，她感動的說：「我發現那邊不只是一個促進身體健康的地方，更重要的是給予情緒、心靈的支持以及正面能量，這深深影響並且改變了她們的生命，她們也將這些正能量傳遞給更多人。真的很感謝慈濟，讓愛的效應在社區裡面擴散。我非常感動。」

她跟我說，許多人因為自身過去的經歷，面對外人都表現得相當冷漠，言語行為之間也充滿負面情緒。如今到處都能看見許多笑容、正能量滿滿（full of positive energy）。

我們的中醫義診項目再次獲得加拿大社會的接受與肯定，繼原住民婦女中心協會之後，我們也在溫哥華東區，同為原住民社福中心的「幫助心靈之家」（Helping Spirit Lodge Society）和「戒癮協會」（Hey-Way'-Noqu' Healing Circle for Addictions Society），為更多需要的人提供義診服務。

冬令用品發放暖身暖心

我們服務原住民的另一個機構，是位於溫哥華市區的原住民健康中心（Native Health Society），每年都舉辦冬令發放活

動，二〇一九年，已堂堂邁入第十六個年頭。在健康中心的人多為愛滋病高危險群或帶原者，同時這一帶也是溫哥華市中心東端最貧窮的區塊，身為弱勢族群的他們亟待外界關懷。

每一年聖誕節前夕，慈濟會在此中心發放上百份禮物袋，並舉辦歡樂活動，讓所有人圍繞在愛與祝福的氣氛中。我們在禮物袋中準備了防雨的外套及背心、牙膏、牙刷、內褲、手套及襪子，都是寒冬中非常實用的物品。

最重要的是，面對每位前來領取發放品的原住民朋友，志工都用雙手將物品奉上，再送上一個溫暖的笑容，很多人都喜孜孜的馬上現場試穿起衣服。有次發放靴子，志工們蹲著協助行動不便的原住民長者穿新鞋，令全場的人都很感動。

溫哥華原住民健康中心的協調員麥克・拉索斯（Michael Lascelles）在現場參與後說，因為他總是看到健康中心的患者長期飽受身心病痛，而慈濟歌曲和靜思語中強調的愛、信任、原諒，鼓勵他們勇敢面對生活，注入一股非常重要的力量。

用回饋贏得酋長認同

其實加拿大華人早年也曾受到原住民的幫助，在排華法案實施時，因為人頭稅等法律規定，許多當時來建設橫貫加拿大東西兩岸鐵路的華工無法返家，家人也無法來團聚，只能流落山區，無以為生。幸好有原住民的收容與照顧，有些華人還娶了原住民妻子。蘇瑪斯部落酋長西爾伏曾跟我提過這段歷史，

他還透露：「我和許多原住民都有華人血統。」

　　之後我到部落參加一場會議，一進會議室就看到多位部落女長老，她們的面容像極了我們在唐人街見到的老太太。我笑著對這些女長老們說：「Hi, You know, we are related.（嗨，我們是親戚呢！）」她們一聽到也笑得前俯後仰，氣氛一下子就熱絡起來，變成像是家人在談事情一樣，很快就達成共識。

　　有一次，我們拜訪溫哥華島（Vancouver Island）上的部落酋長，他對慈濟的付出非常感動，我告訴他，這些都是我移民前上人教的：「腳踩人家的地，頭頂人家的天，新移民不能只是去享受好山好水，要回饋。」

　　酋長聽到這段話，激動地從椅子上站起來說：「以前整個溫哥華島都是我們原住民的，我們從沒賣出過，可是現在我們擁有的土地可能不到一半。這百年來，從沒有人對我們表達過感恩，這是我第一次聽到有人對我們表達感恩與回饋，而且居然是一個華人團體的你們。」

　　聽到酋長這樣說，我也很感動。上人「要回饋」的理念聽在原住民心中，簡直如大旱期盼甘霖，讓他們如此溫暖窩心。在互動過程中，我們也在對方臉上看到了尊重。

延伸閱讀
加拿大原民健康中心 冬令發放 14 年

第八章
地球篇：
愛護環境，與地球共生息

 緣起

一九九〇年，《時代周刊》（Times）以「貪婪之島」（Greedy Island）形容臺灣。那時候，臺灣幾個城市之間也有垃圾大戰，從臺北到桃園機場，沿路兩旁都是垃圾山。

環保志業，是慈濟初期的四大志業之一。此乃源於一九九〇年八月二十三日，證嚴上人應吳尊賢文教公益基金會之邀，於臺中新民商工演講。

當天我跟著師父一起去臺中，一大早六點多出門，路過第一市場，該市場晚上是夜市，只見滿地垃圾，無人清理，連行走都困難。

演講結束，看到大家用雙手熱烈鼓掌，上人便心有所感的說：「請大家用鼓掌的雙手做環保，讓我們這片土地變成淨土；垃圾變黃金，

黃金變愛心。」從生活開始做環保，上人簡潔明瞭的呼籲，引起現場很多人的共鳴。

住在豐原的楊佩珊小姐於是開始行動，在鄰里之間推動「清掃垃圾、資源回收」。起初有人內心存疑：真的還假的，怎麼連公共場所的垃圾也要撿？經過一個月，大家相信了，因為周遭環境真的改變了，變得整潔乾淨。

上人的環保理念獲得很大回響，不少人捲起衣袖加入清掃垃圾和資源回收的工作，從生活開始做環保，不分年齡、階層、背景，人人可為。慈濟環保推動甫展開一年，在一九九一年即被《遠見》雜誌評為「臺灣最大的群眾運動」。

每個慈濟環保志工視街頭為修行道場，不畏髒亂、不辭辛勞，低頭彎腰，為愛護地球環境而無私付出；為此，上人以「環保菩薩」、「大地保母」、「草根菩提」來尊稱他們。無庸置疑，這群平凡市井小民，卻是大覺悟者。

36〉掃地也掃心地

掃地掃地掃心地，不掃心地空掃地。
從清理唐人街街道開始加拿大環保志業。

加拿大慈濟關心人，當然也關心與人息息相關的生活環境議題。環保志業在臺灣實踐得很成功，光是環保點就有八千五百三十六個、環保站有二百七十三個。但是在加拿大，因為都市計畫法規定很嚴格，不論住宅區、商業區、農業區或空地，都不能辦理資源回收，連臨時的堆置都不允許。

但我們依然主動去找服務機會。一九九六年，溫哥華市政府發起全市清掃活動「Keep Vancouver Spectacular」，加拿大華埠商會也響應，從五月到九月，每個月的第一個星期日舉行「華埠清潔運動」（Chinatown Cleaning Campaign）。

這時慈濟加拿大分會已經成立三年，大家對慈濟在社會做的事情已經有了認識，華埠商會便提出邀請，我們很高興成為其中一支生力軍，每星期天就幾十個人帶著掃把、夾子和黑色垃圾袋到華埠做清理工作。

店鋪前後巷垃圾全都清

當時溫哥華華埠最為人所詬病的，是有些癮君子會在附近遊蕩，街頭地上常會發現針頭。因此我們所有志工都要先經過

教育訓練：一定得戴手套，一律用夾子，不能用手拾起；撿起的針頭要另外處理，收在專用塑膠桶內，若放在垃圾袋中，會戳破袋子而刺傷自己和他人。

做生意的店鋪前後都會堆滿貨物，有些後巷尤其雜亂，難以清理。但我們總是耐心的、仔細的清掃整個華埠、垃圾分類，讓街道乾淨清爽。

剛開始在華埠掃街，常有人問：「你們是誰請來的？」「一天多少錢？」我們總是邊做邊與居民閒話家常，推動共同維護環境的理念。但常常清掃不到兩天又回復原狀，隔週去掃街時，又是滿地垃圾。但我們從不因此指責商店、居民或路人，日子久了，大家也開始主動配合維護環境。

二十年下來，雖然每月的第一個週日我們還是去掃街，但居民們已經養成主動保持整潔的習慣，垃圾量明顯減少，顯見環保清潔的文化已經在華埠生根。

國會議員也掃出心得

慈濟在華埠掃街獲得各界好評，二〇〇〇年任職加拿大溫哥華京士威選區（Vancouver-Kingsway）的國會議員梁陳明任（Sophia Leung）深受感動，邀我們到溫哥華東區做環保。

我們一路沿著京士威道（Kingsway）到載絲（Joyce）車站清理街道，沿途電線杆上的盆栽也都逐一澆水整理。當地人一開始覺得這群人也太多管閒事了！不過我們始終維持良好的態

度，漸漸的，當地居民也感受到我們的真心誠意，連續五年下來，該地區更加乾淨漂亮。

每次掃街梁陳明任都親自參與，她穿著慈濟志工的背心，沒有媒體陪同，只是拿起掃帚、彎著腰共同勞動，我也藉機和她分享上人的掃地哲學。上人說：「掃地掃地掃心地，不掃心地空掃地」、「救世要先救心；想影響天地，則先影響心地。」

看著地上的垃圾清乾淨了，街道變得整潔，心頭也能一寬。檢查地面是否還有垃圾，也要看一下心裡是不是還有「垃圾」？像是煩惱、憂愁、抱怨、仇恨，這些負面情緒，也要一起掃乾淨。

梁陳明任也掃出心得，她說：「每次這樣掃地，就像是把煩惱掃出去，對我的心情幫助很大。」

政治人物和志工們長期堅持掃街，是一種言教，也是身教，不僅讓社區更加乾淨，也影響了居民對待環境的態度。只要一個社區接著一個社區去做，就會持續改變環境。

37〉百人上街頭掃地

市政府預算不夠，我們來幫忙，

百人上街頭掃地，路過的司機用喇叭按「讚」。

慈濟始於溫哥華的掃街運動，一步步拓展到其他城市。

一九九七年，素里市長道格・麥卡勒姆（Doug McCallum）提出呼籲，希望市民認養街道，我們知道後就馬上去市政府了解細節。當地政府因為經費不足，無法購置太多垃圾車，所以希望透過市民認養，共同維護環境整潔。我們決定認養吉爾福德購物中心（Guildford Mall）旁邊四條大街，是很大片的一塊區域。

另類的家庭暑期活動

第一次掃街活動就有一百人參與，陣容龐大。我們的目的是來付出，要幫助並融入社區所以也配合市政府，穿著市府發給的背心。由於一百個人一起掃街的規模實在壯觀，車子經過看到時，都有駕駛或乘客比大拇指、按喇叭鼓勵我們。

更難得的是，這股力量並不是曇花一現，而是堅持了逾二十年。

每年五月到九月的第二個星期日，慈濟志工都會來掃街，不分男女老少，儼然變成臺灣移民的家庭暑期活動。很多空中

飛人爸爸回到溫哥華，也會把握與家人相處的珍貴時光，全家出動來掃街，對他們來說也別具意義。直到現在，每次掃街的規模仍然維持在五、六十人左右。

掃街服務，也拉近了其他族裔與華人的距離。像素里地區主要是印裔移民，和華裔移民間因為不同族群，難免有些隔閡。但是當印裔居民看見一群華人在打掃自己的社區，一做就是二十年，也深受感動，願意真心給予支持和認同。當地的印度電視臺與廣播電臺曾邀請我上節目談我們做的事情，主持人深受感動，真誠的對著鏡頭表示，華裔人士為社會回饋了這麼多，是我們印裔要學習的榜樣。

素里市議員們在談到族裔融合和彼此支持的典範時，常會提到慈濟在當地掃街的成果。經過二十年，道格再度擔任市長，慈濟人依舊持續服務。至今在吉爾福德購物中心旁的街道上，還可以看到一個寫著「Adopted By Tzu Chi Foundation」（街道由慈濟認養）的牌子。

六歲的環保小志工

二○○○年，一位住在列治文市的慈青，家中信箱收到一封市政府寄出的宣傳單，希望居民能認養步道（Adopt a trail）的清理工作。我們於是召集了二、三十位慈青及學長姊，和列治文市府討論後決定認養吉爾伯特海灘（Gilbert Beach）。一晃眼已二十個年頭，秉持著上人的理念「只要對的事，做就對

了」，不論長期淨灘和清理步道都用心去做，讓環境煥然一新。

我們特別鼓勵年幼的孩子一起參與掃街工作，因為從中可以學習淨心、精勤、負責。

有一次，我與一位六歲的小志工蘇婕瑜（Jade）邊掃邊聊天，言談之中發現她的環保知識非常豐富。別看她年紀小，卻是掃街的老手，因為她從小就跟著爺爺奶奶一起來掃地。眼睛雪亮、手腳俐落的她，從不放過任何垃圾。

婕瑜還知道什麼可以撿，什麼不用撿，判斷力相當好。每當她發現草叢中的紙杯和寶特瓶時，總是雀躍的說：「我撿到大寶物了！」雖然嘴巴上說是撿到大寶物，但她說：「其實我心裡並不開心，因為隨便亂丟垃圾的人，很沒『公德心』。」小小年紀，腦袋和心靈都非常通透。

「由慈濟認養」街道達六十公里

後來高貴林市長理查・史都華也呼籲市民認養街道的清潔工作。高貴林幅員廣闊，但人口不多，因此希望市民認養，以一個街區為單位來進行清掃。他一提出呼籲，慈濟志工們很快就認養了五十個街區，讓史都華市長非常感動，認為慈濟是非常高效率、動員性極強的好夥伴。

後來高貴林要在市區一些區域種樹，慈濟又現身幫忙，現場超過一半的志工都是慈濟人，史都華市長更對我們讚嘆不已，現在高貴林很多街道都立著「Adopted by Tzu Chi

Foundation」（街道由慈濟認養）的標語牌。

　　慈濟加拿大的環保志業不僅在西岸的卑詩省大溫哥華地區進行，東岸安大略省的大多倫多地區和渥太華地區也有公園清掃、街道認養和植樹活動；即使志工規模較小的亞伯達省卡加利市，同樣有志工定期參與市區掃街、公園清潔、大型活動垃圾回收及分類宣導。若把慈濟志工目前在全加拿大認養定期清掃的街道長度連接起來，長達六十多公里。

38〉大型活動零垃圾

垃圾桶不再動不動就滿出來，

四百名志工沿街教分類，垃圾回收率逾九○％。

大溫哥華地區每逢大型活動，像是加拿大國慶日、臺灣文化節、素里的多元文化融合節（Surrey Fusion Festival）、素里牛仔節（ Surrey Cowboy Festival ），還有列治文的鮭魚節（Salmon Festival）等，無論晴雨寒暑，只要活動如期舉行，都有一個共同點——可以看見「藍天白雲」，有一群穿著藍上衣白長褲的慈濟志工，總是不停穿梭在會場清理垃圾和進行回收工作。

如今我們每年定期和不定期參與的大型活動已經超過十個，慈濟和合作團體建立了深厚的默契和信任關係。

垃圾先分類就能減量

我們觀察到，在大型活動中產生的垃圾，真正屬於不可再利用的「廢棄垃圾」的其實不多，大多數都可以回收。我們的目標就是盡全力要讓可以回收的「垃圾」，都成為可再利用的資源。

二○一○年，我們正式與大溫哥華環保局（Metro Vancouver）合作，承擔大溫地區幾個大型活動現場的垃圾與

資源回收工作。

第一個合作項目，是同年九月初舉行的溫哥華臺灣文化節。活動期間，我們動員超過三百七十位、一〇七二人次的志工，在溫哥華萬國廣場（Plaza of Nation）的活動現場撿拾垃圾，協助民眾做垃圾分類，維持活動現場走道清潔乾淨。首次合作的垃圾回收率高達七〇％。

第二年再度合作，動員四百位志工，當年的活動現場移至溫哥華市中心的美術館廣場和固蘭胡街，垃圾回收率高達八二％。第三次，垃圾回收率已逾九〇％。

我們在整個活動區設置十三個垃圾回收站，每隔一小段距離就擺放回收垃圾桶。志工們會站在回收垃圾桶旁邊，按照溫哥華環保局的規定，向民眾解釋玻璃、鐵罐、塑膠罐和紙盒如何分類，希望藉著這個機會傳遞參加大型活動，也要記得愛地球的觀念。

志工們總將「謝謝，感恩」掛在嘴上，永遠笑容滿面，讓民眾感覺到善意，自然樂意配合。此外，我們主動在活動現場附近掃街、撿拾垃圾，不僅止及於文化節活動區，而是把附近的街區一併清掃乾淨。

門面乾淨才有客人上門

令人意外的是，當我們把垃圾分類好，還來不及統計數量，就有幾位街友上前詢問，能否把可退錢的玻璃罐、鐵罐和

寶特瓶送給他們。志工們一口答應，樂於結此善緣，不希望我們的環保工作影響街友收入，更感恩在做環保時還可以助人。

　　垃圾或回收品的妥善處理也很重要。主辦單位會事先接洽垃圾和回收車公司，當志工們將分類好的垃圾裝滿後，便隨即安排車次載運至垃圾處理場。

　　時任溫哥華市長的羅品信（Gregor Robertson）接受大愛臺訪問時說道：「溫哥華市中心常舉辦大型活動，每次最大困擾就是垃圾量太大，市政府設的垃圾桶永遠不夠，垃圾總是很快就滿出來，使得街頭髒亂不堪。自從慈濟伸手援助後，一切都改觀了，活動期間甚至還比平常乾淨。街頭都改觀了，第一年回收七十％、第二年回收九十％，而且慈濟還願意把經驗分享給其他團體。」

　　溫哥華市中心管理所有商戶活動的「溫市中心商業促進會」（Downtown Vancouver Business Improvement Association）更感謝慈濟志工的付出，對促進商業有很大幫助。因為環境是否乾淨對商家做生意有很大影響，畢竟在髒亂的環境下，沒有人有心情逛街購物或用餐歇息。他們對慈濟的貢獻甚為感佩，還頒發獎狀表達謝意。

進一步延長掩埋場壽命

　　主管垃圾回收品的大溫環保局，對慈濟的協助印象深刻，在活動後邀請我們參觀在地的垃圾掩埋場。大溫環保局表示，

每次大型活動後都會送來大量垃圾，造成掩埋場的容量迅速減少，但慈濟先進行資源分類回收後，送來的垃圾量大為減少，相對的延長了掩埋場的使用期限，這個額外收穫是一般人意想不到的。隨手做環保竟能減少政府的花費，這也是我們推動環保理念帶來的意外改變。

只不過，並非參與每場活動都能盡如人意。像煙火節（Celebration of Light）是每年夏天的重頭戲，但由於是夜間活動，晚上十點才開始放煙火，等到人群散盡已是深夜十一點多。我們第一年參與時就發現有安全隱患，深夜進行垃圾清掃工作實在有些危險。我們認為應以志工安全為優先，所以第二年就決定不再參加。

還有，二○○七年加拿大公職雇員公會（CUPE）全面罷工，影響社區收取垃圾，我們也主動詢問是否可以讓志工去幫忙整理，得到的回覆都是「不可以！」因為清運社區垃圾是由工會負責管理，我們不能因為想做好事而影響了工會的決策與運作。

在加拿大，想做「好事」都要先和政府溝通，顧及民情，不能看到什麼就想去做，就像上述例子一樣。不能因為我們的善意，而影響清潔人員爭取工作權益，一切務必事先和政府或相關單位協調好，否則容易顧此失彼，美意也會大打折扣。

39〉茹素環保救地球

吃八分飽也是做環保，

市議員加入守護地球行列，順便減肥。

除了街道清掃、公園認養、大型活動垃圾回收分類與宣導及植樹外，慈濟自己舉辦的活動也是以合乎「環保」要求來進行。

多年以來，慈濟本會與慈青推出不少環保宣言，例如：「日食八分飽，兩分助人好」、「多用手帕、少用紙」、「每週一素」，以及「環保五化」：年輕化、生活化、知識化、家庭化、心靈化等等。

這些年來，上人呼籲「非素不可」，全球分會均響應。上人開示素食的意義是：「對身體的保健、對心靈的淨化。」人人為了身體健康茹素，斷除口欲保護生命，也是守護自己的慈悲心，同時也只有改變飲食習慣，形成天地的保護膜，以減緩地球暖化。

有市議員聽了「茹素環保救地球」的說法，說願意響應多蔬食、少肉食，為地球盡心力。還有位市議員聽了「日食八分飽，兩分助人好」的說明，幽默的說：「剛好我要減肥，明年再來看看我的成績。」我們雖然只是滄海一粟，愛護地球卻不困難，「每一個人」的小小力量匯聚，「每一天」、「每一餐」都可以改變世界。

環保走秀趣味教學

近年來，慈濟透過高科技將資源回收品變身實惠好用的商品，加拿大慈濟分會和周年慶活動現場，都會展示相關環保產品，每每讓市長、市議員們感到驚豔。像是常用於賑災的毛毯、衣服、手套等，質料都非常好，大家一聽到這都是塑料回收製成的，都表示不可思議。

高貴林市長理查‧史都華在活動致詞時，特地穿上慈濟的環保Ｔ恤，擔任「走秀」模特兒。他說：「我特別感謝慈濟，還曾到百貨公司樓下看慈濟人重新整理回收的垃圾，不畏髒臭，務求把垃圾分類與減量，真的很令人感動。」

志工們還發揮創意，想出這樣的環保秀：有人披著毛毯走秀，旁邊跟著的人就背著寶特瓶，讓大家知道一條毛毯和一件環保衣是由多少支寶特瓶製成，也能一眼就了解這些寶特瓶還有這麼多用途，如同上人說的「垃圾變黃金，黃金變愛心」。

我們還舉行綠色盆栽講座，推廣在家種植盆栽，並邀請專家示範如何利用過去總是直接丟棄的橘子籽，栽植成一片綠意盎然的小樹林。

植樹、蔬食愛地球

加拿大慈濟長期參與世界性的環保活動。我們從二○○八年開始響應每年四月二十二日的「世界地球日」。為了地球的健康與永續，多倫多慈濟人文學校每年有超過百位師生和家長

共襄盛舉，在紅河谷（Rouge Valley）公園一同參與當地的「萬樹」植樹活動。

為了呼應世界地球日的「全球動員」（Mobilize the Earth）系列環保活動，志工們每年四月會到高貴林曼迪公園（Mundy Park）參加種樹活動，大家挽起袖子、拿著鏟子，挖土種樹苗，為社區和地球的綠色空間努力墾拓。

另外，從二〇〇八年開始，我們也連續參加高貴林市政府在秋天主辦的「明日之樹」（Trees for Tomorrow）植樹活動，每年種下超過七百棵樹苗。此計畫是針對高貴林少將溪（Como Creek）岸的改造工程，少將溪有一段土地原本是山丘，後來配合都市開發，經過多次挖掘，成了無人管理的沼澤地，蚊蟲滋生、環境髒亂，於是高貴林市政府邀請民眾一起種樹改變社區環境，同時減碳護地球。

去年，全球經歷新冠肺炎的災難，損失了這麼多生命，我們與全球的慈濟人都響應上人「蔬食護生救地球」的理念，以茹素、環保、植樹等的實際行動守護大地，回饋我們唯一的地球，希望能用小小的行動，來改變人類與地球的大未來。

延伸閱讀　溫哥華高貴林市長感謝慈濟

第九章
災民篇：
加國急難救助與全球賑災

 緣起

　　一方有難，十方馳援。至二〇一九年為止，慈濟展開大型急難救助工作已屆滿五十個年頭。

　　承襲「大愛共伴有情天」的理念，慈濟在加拿大開展工作後，亦不忘從加拿大出發關懷世界。慈濟的國際救災工作始於一九九一年。孟加拉發生大水災，造成十三萬人喪命，一千萬人受災。當時，美國發起了「一人一美元」的救濟行動，上人則發起「省下一個麵包的錢」來幫助災民。

　　到了一九九三年，加拿大慈濟第一個周年的年終歲末餐會宗旨，就是響應上人呼籲全球慈濟為尼泊爾水災募款，為之後的救災募款工作奠定基礎。

從土耳其地震、臺灣九二一地震、南亞海嘯馳援斯里蘭卡、美國卡崔娜風災、大陸四川汶川地震、臺灣莫拉克風災、海地強震、日本三一一強震海嘯及菲律賓海燕風災等等；加拿大慈濟人不僅展開「募心募款」，輪番在街頭站崗募款，還組成賑災團自費前往災區服務，奉獻一己之力。

40〉啟動全球賑災

看到所謂的家徒四壁，
千位災民不去隔壁的醫院，寧願排隊等義診。

　　加拿大慈濟分會成立的時間，與慈濟開始全球賑災的時間同步。一九九三年七、八月間，尼泊爾當地因為豪雨不斷，引發山洪，導致逾四十萬人無家可歸，超過千人遇難，臺灣慈濟本會立刻加入賑災。進入災區勘查後，也選定災情最嚴重、受援最少的薩拉衣（Sarlahi）、勞特哈特（Rautahat）及馬克萬普（Makwanpur）作為慈濟主要賑災區。

上人呼籲全球慈濟人，共同援助興建一千八百戶大愛屋，協助災民重建家園。那一年，正好是加拿大慈濟分會成立第一周年。為響應上人的呼籲，我們在歲末餐會上齊心為尼泊爾水災募款，共募得加幣三十萬元。

加國志工返臺支援九二一

第二次響應的大型賑災活動，就是一九九九年臺灣的九二一大地震。對於同胞的苦難，我們感同身受，幾年下來，加拿大慈濟在當地的付出也有些累積，因此第一次嘗試到街頭募款。當地知名的華人超市大統華，還有多家百貨公司的超市，都讓我們設置募款箱。副執行長郭保泰帶領師兄姊們每天統計當日收到的善款金額，還要大家簽名以示負責，之後，向分會報告。完成工作時常都已半夜，但是大家都不以為苦。

除了賑災募款，我們也支持興建大愛屋、認養災區小學等計畫，並且持續募款。我們在慈濟加拿大分會的牆上做了一張大紙板，讓捐贈人在上面貼上「大愛屋」貼紙，很快的，整張紙板就貼滿小房子，共募得加幣五百五十萬元。加拿大政府也透過駐臺北貿易辦事處援外部門，先後兩次共捐助加幣十萬元，這是加拿大政府第一次捐錢給慈濟，希望透過我們關懷臺灣災情。

許多住在加拿大的志工們陸續回臺，我和家人們也都回到臺灣，親自到災區協助興建大愛屋、動手漆油漆。我進到災區，

看到一棟五層樓的學校只剩下一層樓，非常震驚。心想，幸好地震是發生在半夜，沒有造成學生傷亡。

看著滿目瘡痍，我想起一個月前，臺灣的慈濟志工在街頭拿著募款箱，上頭寫著「為土耳其震災募款」，曾被人指指點點說：「土耳其在哪啊？我根本不認識，把土耳其改成臺灣！」後來，我回花蓮和上人開會，當時在筆記中草草寫下上人的話：「土耳其發生的事情，臺灣不是不可能發生！」更決心要盡力幫助土耳其度過難關。沒想到一個月後，臺灣就發生了大地震。

莫拉克災後前進高屏

二〇〇九年，莫拉克風災（或稱八八風災）造成臺灣南部高雄、屏東，臺東等地嚴重災情，慈濟本會第一時間派出賑災團進入災區。我當時正好在臺灣，就和恬妮師姊一同參加新莊泰山區的賑災團，來到屏東縣林邊鄉。

當地因為嚴重淹水，整個村莊變成一片汪洋，由於積水不退，得徒步涉水送餐給災民。等到大水退去後，善後工作更是艱鉅的工程，不到現場難以體會。有些民房內堵塞的淤泥竟然高達半層樓，居民進出家中都得爬梯子到二樓。火車站前也是令人慘不忍睹，交通號誌被泥沙掩埋，只露出半截。

我們來到現場，看到整排店鋪淤積的泥沙約有兩、三尺高，首要工作便是清除淤泥。志工們一起到房子裡，我看著滿

屋子的泥巴，心想，這麼多的淤泥，一鏟一鏟的清，得花多久時間啊！沒想到，每間屋子幾個人一組，不知不覺就完成了。

我想，這就是眾人的力量，就像上人說的：「人多，力大，福就大。」

41 〉南亞海嘯

災民不去隔壁的醫院，寧願排隊等義診，
建校、蓋房，在斷垣殘壁中仍有新希望。

二〇〇四年十二月二十六日印尼發生高達芮氏規模九的強震，震央在亞齊省，隨後引發波及十多個國家的南亞大海嘯。

慈濟本會立即發起「大愛進南亞，真情膚苦難」專案募款活動，當時在印尼、泰國、馬來西亞的慈濟志工，也都在第一時間進入當地災區，並陸續在重災區斯里蘭卡最南端的城市漢班托塔（Hambantota）展開大愛馳援，包括義診、發放米糧、毛毯、淨水設備、慰問金和民生物資，也搭建帳篷、大愛村及學校。

寧願排隊也要等

這是加拿大慈濟分會第三次參與賑災，我們除了捐款加幣一百多萬元，也第一次派員進入災區，大概有二十多位志工先後到達斯里蘭卡。

慈濟本會與其他各地前往協助的志工早已展開工作，我到達當地已經是震災發生後一個月，負責協助在漢班托塔的醫療團隊工作。當地政府提供一個部門的辦公室，讓慈濟的醫生在那兒義診。

那段期間我注意到，明明在義診區數公尺處就有當地醫院，卻不見人潮，反而是我們這裡每天都有上千人來排隊。也許是當地人能感受到我們的用心，有時看診要排隊半天，他們也願意。我就負責講慈濟的故事給等待的人聽，有時候也會邀請排隊的人站起來表演，除了打發時間，也能紓解災後的焦慮和無助。

物資發放不用搶

在災區現場發放物資真是一門大學問。如何維持現場的秩序？如何讓需要的人都能拿到？我們的作法是，事先做好準備工作，透過政府協助，發給災民「物資卡」，災民只要憑卡來領取，就能拿到物資。這樣的方式能夠避免排隊人潮造成混亂，整個發放現場能夠維持良好的秩序。

有些災民在集體發放時無法前來，我們會另外個案處理，安排家庭訪問，以了解災民實際狀況與需求。時隔十多年，我仍然記得我走進當時一位災民的家，別說「家徒四壁」了，他連家門、牆面都被海嘯捲走，只能用斷垣殘壁來形容。

斯里蘭卡雖然以佛教徒居多，但我們前往的漢班托塔則是佛教、回教徒各半。有一次，我碰到一群回教女學生，她們看到我們忙進忙出，帶了很多大米、物資進行發放，現場非常有秩序，她們不禁好奇：「您們是誰？」

我分享了慈濟為什麼來，來做些什麼。因為尊重不同宗教

的差異性，我們只講我們做了哪些事。聽完之後，她們異口同聲地說：「我們也很喜歡佛教徒。」看著她們純真的臉龐，在災難過後，還是穿著一身整潔乾淨的制服，我覺得心疼，也感到欣慰。即使在海嘯後的斷垣殘壁中，仍可見當地人堅守著自己的文化，努力的生活。我心中深有感悟——千萬不要因為別人貧困或是正在受難當中，而有一絲輕視的想法。

斯里蘭卡賑災，慈濟本會共捐出六百間房子和一所學校，加拿大慈濟分會則捐出約加幣一百多萬元。在發放現場，我們也不忘插上一幅加拿大國旗，讓他們知道這裡也有來自加拿大的愛心。

帳篷抬高設計加通風

加拿大慈濟在斯里蘭卡的任務之一，還有協助蓋帳篷。慈濟帳篷內部的高度設計得比較高，另有一個特色，就是距離地面會抬高一尺，以避免地上的害蟲進入帳篷。此外還有通風設計，雖然在大太陽下曝曬仍然會熱，但是如果搭建在樹林或樹蔭下，帳篷內空氣流通，就十分涼爽。

我們也去觀摩他國的帳篷，像義大利搭的帳篷材質高檔，有名牌的水準。裡面還有簡易的隔間，每個帳篷成本就要美金五千元，這價格在當地都可以蓋一棟房子了。只是過了一陣子，我再次去帳篷拜訪時，因為剛下過雨，沒有架高設計的高檔帳篷，地面泥濘，可惜了。

　　第一次實地參與全球賑災，我們帶著學習的眼光看見不同的作法，也虛心檢討。比方說有些機構的倉庫裡囤著大量五十公斤一袋的稻米，卻未能及時發放。我們則向當地農民購買米糧，分裝成十公斤一包以便於搬運、發放及保存。我在倉庫中看到國際援助也有大衣和靴子，然而當地接近赤道，氣候炎熱，實在不是災民所需。雖然許多善心人士捐了大量物資，卻忘了考慮當地人真正的需要。

　　斯里蘭卡賑災是加拿大慈濟第一次組團實地參與為期兩週的賑災活動。當地人看到慈濟的用心，知道志工都是自費來服務，給他們很大的震撼。那一年，我們在斯里蘭卡招募了很多當地志工，其中好幾位都是虔誠回教徒，後來也都授證為慈濟志工。這些志工在我們離開後至今，十幾年來仍不曾間斷的服務著。

42〉用愛化解仇恨

全體遷村告別違章建築和水患危機，
災民們拿到人生中第一把屬於自己房子的鑰匙。

加拿大慈濟第二次實地參與全球賑災，是印尼雅加達的紅溪河（Kali Angke）水災。

印尼話「Kali Angke」，Angke其實就是閩南語發音的紅溪。「紅溪」的由來，與十八世紀荷蘭殖民印尼時期的屠華事件有關。其後二十世紀以來，許多外地來的低收入戶移入，河道被違章建築占據，河流變窄，汙染益發嚴重，被稱為「雅加達的黑色心臟」。

援助計畫「五管齊下」

本會方面先請志工和當地政府接洽，談妥提供一塊土地讓慈濟蓋房子，以供村民遷村。上人也提醒，遷村地點不能離原來的村莊太遠，不能讓居民遷村後覺得上班就學不方便。

由於當時印尼的經濟狀況並不好，因此上人透過大愛電視臺呼籲全球的慈濟人出來幫忙。那時候我們在加拿大看到新聞，立即開會，大家都同意支持，而且「行善不能等」，便決定直接撥款捐出美金一百萬元。

除了響應捐款，上人也要我跟著賑災團去一趟印尼。接待

我們的師兄是當地知名集團的華裔企業家。看著他的豪宅，我稱讚很漂亮，他說：「你知道嗎？我們的財產現在是負數的。」我回：「怎麼可能？」

他說，自一九九八年排華暴動（又稱黑色五月暴動）至今，大部分印尼的華商企業家都負債。因為房地產崩跌，股票也跌，貨幣貶值，財產全部大縮水。最慘的是企業貸款幣值都是美金，美金沒有貶，因為貸款都是美金，負債反而增加，有些人就此放棄了企業，但他們還是繼續堅持。

貧富差距要用愛化解

之後，我又和當地部分華商見面，在分享的時候，我告訴他們：「上人曾經說過，印尼的排華並不是單純的種族問題，而是貧富差距所引起的仇恨，只有『愛能化解仇恨，只要愛的存款夠』」。

我舉例說明，一九九二年美國洛杉磯暴動，但因為當地慈濟長期關懷，與社區建立了互信關係，使唐人街幸免於難。加拿大唐人街也在慈濟的努力下，化解了華人與遊民的糾紛。印尼當地華僑都是富有人家，自然容易給當地人負面感受，而這一切只能用愛來化解。

這位企業家把我的話聽進去了，也用我們從加拿大帶來的祝福，告訴其他許多企業友人：「人家遠在加拿大都跑來捐錢了，我們能不做嗎？」就這樣，當地華商也開始跟著動起來。

災民們感動入厝

在這個遷村計畫中，我們先完成第一期一千五百戶的遷村，第二期有六百戶，總共兩千多戶。我再去印尼時，房子已經蓋好，內部也整理好，屋裡從家具、鍋碗瓢盆到米和油一樣不缺，居民只要帶支牙刷，就可以進住。

我在附近走動時，看到許多工人在鋪路，聽到他們說：「這些華人對我們很不錯。」臉上表情是真心喜悅，在鋪路時候也格外用心，我感受到大家打從心底的改變。

入厝那天，很多人一拿到五層樓鋼筋水泥公寓的鑰匙都哭了，說是生平第一次有屬於自己房子的鑰匙，因為過去都是住違章建築，大家擠在一個只能用布幔相隔的空間，現在他們有了獨立公寓，採光也很好，一直說很喜歡。

一年後，全部遷村完畢，每戶大約五人，遷村總人數大概一萬多人，原來的村子被拆除，改為雅加達市區的河濱公園。現在流經公園的水，不再是過去的垃圾和汙水，變得乾淨，慈濟還曾在這條溪水舉辦過龍舟競賽活動。

印尼華商的領悟

二〇〇八年金融風暴席捲全球，隔年（二〇〇九年）大年初五我回花蓮，正好印尼榮董們在開董事會，聽到他們跟師父提到要蓋靜思堂的事情，我聽聞之後，心想：「在金融危機後，還有這麼大的案子，這是很不容易的事情。」

　　沒想到，當場十幾位印尼榮董們踴躍響應，募款進行得非常順利。看起來，經過六年時間，印尼的華商已經恢復元氣，變得更加發達了。印證了上人說的：「社會要穩定，企業才會賺錢。」

　　看到印尼企業家師兄姊的發心，回饋社會的範圍、規模也越來越大，上人輕輕的一句話，印尼師兄姊們重重的聽，並付諸實踐。上人的法不僅利益印尼的社會和人民，也利益企業家們。「行善不能等」，我很感恩加拿大慈濟能及時在他們最困難的時候參與並見證了這項世紀性的大愛工程。

43〉災民笑了

看不到女兒很傷心的大兵媽媽，

因為我們獻上五百萬個愛心，她終於笑了。

二〇〇五年，美國卡崔娜風災（Hurricane Katrina）重創美國南部路易斯安那州，造成十三萬人無家可歸。加拿大慈濟看到大愛臺的報導，立刻響應上人呼籲，總計兩次捐款達美金一百一十萬元，這也是加拿大慈濟第四次參與全球賑災活動。

因地利之便，我們從加拿大到美國賑災，共安排二十多人，去了兩個梯次。當時我被分派到德州休士頓一個安頓災民的大體育場，裡面暫居了約五千位災民，我們計畫發放慰問金，每個家庭美金兩百至五百元。

五百萬個愛心

像這種國際大型賑災活動，相較紅十字會發放美金一千元，我們提供的慰問金不算太多。但是發放物資的過程，我們的用心總是讓前來領取的人們很感動，尤其當志工雙手奉上慰問金時，總不忘加上說明，除了金錢以外，還有五百萬個愛心和祝福。

記得曾有三名非裔年輕男士前來，當我告訴他們，這筆慰問金代表五百萬會員的愛心和祝福時，其中一位高興的大喊：

「I need blessings! I need blessings!（我需要祝福！）」

還有一位戴著女兵帽的年輕女子來到攤位前，一來就告訴我們：「我曾去過很多城市。」言下之意，她不是個窮人，只是因為災變不得已才來領取慰問金。

看得出她神情有些黯淡，聽她說起暫住這裡的心情很不好：「因為我的小孩有氣喘，體育館裡有這麼多人一起住，政府擔心小孩受到感染，把她強制帶走隔離。」她已經在這裡待了兩星期，都沒辦法看到孩子一眼，真的很難受。

語畢，我雙手獻上慰問金，然後給她一個大微笑，告訴她：「這裡包含了五百萬個愛心，祝福妳克服困難，以後會更好。」同時鞠躬。

她拿到以後跟我說：「For the first time, you put a smile on my face.（你是第一個讓我臉上有笑容的人。）」

感謝付出讓我體會法喜

聽到這句話，我一時震動，沒想到這份心意，可以讓一位憂傷的母親立刻「換上」開心的笑容，這也是我第一次聽到這樣的英文表達方式，讓我留下深刻印象。看著她暫時揮別愁容，我知道，我改變了原本自由、現在卻被迫困坐體育場的心靈，更改變了一個思念女兒卻見不著的傷心母親。

我們從溫哥華大老遠跑來這裡，事務繁雜，但是聽到這些災民的回應，疲憊一掃而光。我也體會到我們付出、服務，賺

得的歡喜就是「法喜」。

　　同樣位於北美地區，美國、加拿大分會總能以最快的時間相互支援。二〇一二年，桑迪颶風（Hurricane Sandy）席捲美國東岸，紐約宣布進入緊急狀態，因為受害範圍廣大，亟需志工幫忙。

　　我和莊立仁師兄那時剛好回花蓮的精舍，上人指示要我們支援紐約，莊師兄馬上聯絡加拿大東岸多倫多地區的廖純瑩師姊，隨即募集四十八位志工，隔天包了大遊覽車，坐了十二小時後抵達當地。西岸的溫哥華則是由苗萬輝副執行長、李堯猛、鄺明梓前往支援。

　　到了發放現場，只見志工群們穿著「藍天白雲」的慈濟制服，不分來自美國、還是加拿大慈濟，大家都是一家人，合作完成發放工作。

　　有些慈善團體在賑災現場初識慈濟的時候，常覺得很奇怪，問我們：「為什麼你們要自己花錢買機票這麼大老遠跑來？而且吃住都要自己出錢，你們到底賺到什麼？」

　　我總是說，我們在賺「歡喜」。

44〉四川震災

前進四川災區，天天都是千人宴，
現場仔細觀察，深入了解災民的需要。

距離美國卡崔娜颶風不到三年時間，災區重建工作尚未完全結束，二〇〇八年五月，大陸四川汶川發生芮氏規模八級以上的大地震，造成近七萬人死亡，超過三十七萬人受傷，一萬七千九百多人失蹤。

每天供餐達三千人次

慈濟全球賑災機制立刻啟動，再次響應上人的呼籲，除了募款，也前進災區。我們共分成數個梯次前進四川災區，前後共計二十多人。我被分配到四川德陽的鄉下服務，一天要煮上三千多份餐點，還好有康師傅企業提供蒸飯機，讓煮飯就像蒸小籠包一樣，可以一層層、一盤盤堆疊，一蒸就是六百人份。

同時為這麼多人煮食是項大工程，萬一水源不乾淨，恐怕還會導致傳染病發生。所以德陽市政府每天一大早派車送來乾淨的飲水，供我們煮飯菜。大陸在災區支援的政府效率與動員力，也令人刮目相看。

現場也有醫師義診，因為慈濟志工聽不懂四川話，就請當地會說普通話的小志工幫忙翻譯。我也會說四川話，所以當大

家排隊等醫師的時候，我就講慈濟的故事，還有我們來自加拿大的故事。

　　鄉親聽我講故事都聽的很高興，前去當地義診的醫師好奇問我，為何當地人說的四川話他們都聽不懂，但是我說的四川話，他們卻懂？幾經推敲，原來我的四川話已經臺灣眷村化，沒有當地人濃重的鄉音，但與當地人溝通仍綽綽有餘。

　　我們也和醫師們一一進行家訪，每到一個村，村民都出來說要給慈濟醫師看看，而我就和村里負責人了解狀況並介紹慈濟。有一次在路上遇上三個國中女生，我就說：「我來自加拿大。」我問她們：「妳們有學英語嗎？可以說幾句來聽聽嗎？」她們說：「好。」也大方講了幾句招呼語，簡單的自我介紹，口音都很標準。

　　我又問她們：「大學想要讀哪裡，四川大學、成都大學嗎？」三個人互看一眼，反問我：「您為什麼不說北大、清華？」我當時聽到嚇一跳，四川鄉下的三個女孩子居然有這樣的志氣，她們一直都對未來充滿希望，頓時讓我心生佩服。

　　華人重視教育，即使我們所處偏鄉也不例外。慈濟也很快的在當地蓋好臨時教室，後來共協助建造了十六所學校，希望這些孩子們有安全的學習環境。

災民大媽來幫忙煮食

　　我在那待了十幾天，期間也觀察到，為何上人很注重災區

的煮食，都交代要由慈濟統一準備，原來這背後有著深遠的安全考量。因為災民都住在帳篷，若是大家都自己煮東西，不小心很容易釀成火災。帳篷是易燃物，若燒起來馬上會竄燒成一片，相當危險。由慈濟統一供應午晚餐，災民就不必生火，帳篷區相對安全多了。

有趣的是，我們印象中四川人無辣不歡，那些天在當地才知道，原來也有四川人根本不吃辣。於是我們開始調整飯菜的口味，以符合不同需要，這就是上人一直說的「要用心」。

備好飯菜要分菜時，一定要態度親切，有時遇上有鄉親拿臉盆來裝，志工們也絕對不能說：「不！」一定說：「好，感恩！」並且依對方需求盛裝，不可以讓人有「要飯」的感覺。我們後來發現，拿臉盆來裝的人，是為了一次拿好全家好幾口要吃的分量。所以，不能只看表面就先入為主判斷別人的動機，必須仔細觀察，才能深入了解災民的需要。

災區事項繁雜，每天要準備上千人的三餐，各分會志工人數遠遠不夠。我們便招募很多鄉親來幫忙洗菜、切菜。不少同是災民的大媽都義不容辭來幫忙，她們說：「在這看到有人比自己更苦，何況自己還有能力可以做這些有意義的事，不僅能忘記難過的心情，對未來也能更樂觀。」

放暑假的小孩當志工

因為震災發生在八月，正值暑假，有些放暑假的小志工也

加入服務陣容，帶動做環保和清潔的工作，當他們看到領完飯的叔叔、伯伯時，還會站到門口說：「感恩『鄉親』！好好走，慢慢走。」氣氛一團和樂。

孩子們在災難中仍然保持禮貌，我很高興，又心中莞爾，就跟小志工說：「『鄉親』是大人說法。你們應該要改口喊『叔叔、伯伯』，年紀大點的要喊『爺爺、奶奶』。」孩子們聽了，立刻改口。看著這麼會察言觀色的一群小志工們，逗樂了好多叔叔、爺爺、奶奶們，真是聰明可愛又善良的小朋友。

一九九〇年起，慈濟就賑災方面立下一個原則：「人文賑災」，一定要依照對方所需要的方式幫助他們，這就是師父常說的「慈悲要智慧」，不是以為捐了東西就是做好事，還要想想怎樣才能真正幫助災民，怎麼改變他們的命運。即使只是微不足道的關懷與問候，這些人與人之間的互動，都能讓災民燃起不熄滅的火苗，微小但溫暖，支持他們繼續走下去。

45〉臺灣旅遊團重大車禍

即使醫師都不看好，
師姊仍然對昏迷的傷者不斷喊著，要加油！

二〇〇〇年十一月二十八日，一輛載有二十四名臺灣旅客的遊覽車在前往加拿大甘露市（Kamloops）途中，於灰熊鎮（Revelstoke）麥唐納隧道附近與卡車對撞，二十一人輕重傷，六人死亡，包括一名導遊及兩位司機當場死亡。

我們從媒體上得知消息後立刻動員，成立急難協調中心，選派慈濟志工趕到車禍附近的四家醫院，照顧傷者和協助翻譯的工作。

少數旅客的家屬住在加拿大和美國，大多數仍在臺灣。因為班機誤點，師兄、師姊在溫哥華機場等待十幾個鐘頭，領著遠渡重洋的家屬轉機到甘露市，再馬不停蹄前往車禍現場和附近的幾家醫院，到達時已是深夜兩點。由於我們在醫院陪伴傷者，在心急如焚的家屬趕來途中，志工們能迅速以電話告知傷勢和現況。

傳達上人的祝福

那位重傷者，經過搶救後，醫生表示情況不樂觀。徐映春師姊聽了相當不捨，她不斷在傷者耳旁一直喊她的名字，要她

加油，她說：「上人祝福妳」，鼓勵她不要放棄。

　　之後這位重傷者被轉到溫哥華總醫院，由慈濟師兄姊們接續照顧。師姊經由耳邊呼喚，持續把師父的祝福送達後，奇蹟發生了！經過溫哥華總醫院悉心治療後，她終於可以搭機回臺灣繼續治療，並且完全康復。

　　當時這班遊覽車上的旅客中，有三位不幸罹難，慈濟人陪伴家屬前往灰熊鎮殯儀館處理善後，才回到車禍現場祭拜。罹難者其中之一是來自大陸的遊覽車女導遊，我們聯絡上她家人後才知道，這位女導遊是獨生女，父母當初送她出國很不容易，聽到消息後悲慟不已。為了讓她家人能到溫哥華處理後事，我們幫忙安排行程，購買機票，給予同樣的照顧。

　　十二月一日，灰熊鎮居民為往生者舉辦「祈福追思會」，很多市民自發性地來為往生者祈禱，我們的師兄師姊也全程參與，現場氣氛感人，許多不認識的人一起為罹難的人默哀、獻花。

一個月吃到兩次慈濟便當

　　這場車禍中，受到輕傷的遊客均中斷行程，由旅行社安排遊覽車回到溫哥華。我們有幾位志工也隨車陪同，了解後續還有什麼需要幫忙。幾位旅客說到：「好幾天沒吃到中式餐點，很想念。」

　　等車子到達列治文的下榻旅館，我們一一分發事先準備

好的便當和水果。我在現場看到有夫婦感動的流淚，我好奇的問為什麼？他說：「沒想到，一個月內吃到兩次慈濟便當。」原來，這對夫妻住在臺北內湖，一個月之前颱風來襲，導致內湖淹大水，當時慈濟陸續提供五十萬份便當分送給附近淹水的居民。不料，一個月後他們到加拿大旅遊又遇上車禍，再次吃到慈濟的便當。不管在內湖或溫哥華，慈濟人都能即時提供援助。

重返舊地表達感謝

數年後，那位康復的傷者再度飛回溫哥華，並來分會尋找當時在她耳邊呼喚的徐映春師姊。只是師姊恰巧不在溫哥華，兩人因而錯過重逢機會。師姊聽到我們轉達後，說：「我只是將上人的祝福送給她，能夠康復是她的福報。」

來加拿大的臺灣旅客發生意外偶有所聞，我們都會配合臺北經濟文化辦事處，提供即時協助。

在協助傷亡者後續事宜的過程中，我們發現很多遊客竟然沒有辦理旅遊保險，在遇到意外後，不論是昂貴的醫療費或其他衍生費用都無力負擔。所以，我們也不斷透過各種不同管道，提醒旅行社和民眾出門一定要記得保險。我們啟動多次急難救助以後，我覺得慈濟似乎變成了臺灣人在全球非官方的緊急救援網。

46〉加拿大小鎮水災

九部車開進潰堤後的泡水小鎮

災民看到這群志工，開心的說是大雨中降臨的天使

二○○三年十月，卑詩省連續五天大雨，秋雨滂沱，沖毀了堤防，淹沒了海天公路（Sea to Sky Highway）上的小鎮史夸米殊（Squamish），那裡是個以原住民為主的城鎮。

我們看到新聞後，第二天，志工們便成立救援小組即刻出發，共七輛車、二十七人參與。到了當地，我們一如以往的救助經驗，先與市政府聯絡，市政府非常高興。我們這才知道，原來市政府找不到志工幫忙，因為所有民房都淹水了，所有居民都成了災民。

全力配合無所求

我們這一行人主動報到，讓市政府和居民都直呼，「你們真是上帝派來的天使！」在他們最需要的時候，降臨在這個小鎮上。

於是市政府安排，要我們協助在體育館安置帳篷，並協助鋪設行軍床。只是過程中改來改去，好不容易一頂一頂帳篷搭好了，又說要重來，我們也立刻拆掉重做，沒有任何怨言，我們原本就是無所求，單純想要幫忙，所以大家全力配合就是了。

這點讓市政府的人很感動，直說我們的志工水準一流，而且一來二十多人，無疑是最大助力。當場我們也表達願意提供慰問金，並可以視人口數調整金額。

第二天市長和當地居民開會，原本場面有點緊張，因為居民準備抗議市長失職。沒想到，市長一來就宣布，慈濟要捐助災民家庭慰問金加幣三百五十元，大家聽了，全場開心鼓掌。

圓滿化解抗議事件

在發放現場，每位來領慰問金的民眾都會擁抱慈濟志工，有位市議員說，昨天才在體育館內看到慈濟志工們熱心幫忙，今天又發慰問金，讓他很感動。他說：「原本我和居民們要在聚會上抗議市長做不好，才會鬧出這場大淹水，但沒想到一宣布慈濟要發慰問金，大家一高興，就忘記要抗議了。」沒想到我們有這樣的本領，居然可以改變一場市民抗議事件，真是始料未及！

事隔一年後，我們收到當地市政府寄來加幣三千多元的支票。市政府表示，現在鎮上的後續重建一切都穩定了，因此要把錢還給我們，「你們可以把這筆錢，拿去幫助其他更需要的人。」慈濟在他們需要的時候提供協助，急難過後，他們又捐錢給慈濟去幫助別人。這是一個善的循環，如同上人所說的「以苦為師，以愛接力」。

47〉加入政府的急難救災單位

成為卑詩省府正式的協助救災單位，

獲准進入封鎖區的救援團體。

有一年基羅納市（Kelowna）森林大火，慈濟前往支援。市長親自開車帶我們去看火災現場，他提到，火勢蔓延很快，但是火苗是會跳躍的，有時候會跳過一排燒到下一排；聽到這個說法，讓現場的我們長了知識。

接著我們發覺，為什麼火災現場都沒有看到災民？原來市政府早已掌握氣候變化，提前通知居民會有森林火災，要撤離避難。因此當地居民早已離開住家搬進旅館，社區也安排警察巡邏防止闖空門。避難期間入住的旅館也都已安排妥當，吃住全由政府買單，三天之後，會為居民安排前往友人家暫住。

這次經驗讓我們見識到，加拿大社會能夠如此成熟安定，是因為政府在這方面早有一套完備的因應措施，防患未然，一旦災難發生時，才能有條不紊的安排。

那慈濟還能做些什麼？市長說，市政府雖有募到經費，但不能隨意發給個人，他知道其中有幾位遇到很大的困難。例如有位農民的房子圍籬都被燒掉了，急需修補以防範野獸入侵，因為需要加幣八千元，一時無法籌措，希望我們幫忙。後來我們在市政廳，在市長的見證下發放救助金給幾位災民，他們感

動的擁抱我們。我很開心，能幫助這位關心市民的市長解決了一大難題。

加入「卑詩緊急社會服務」

我們多次參與本地的急難救助與賑災後，卑詩省政府希望能跟慈濟有合作機會，邀請我們加入「卑詩緊急社會服務」（Emergency Social Services，簡稱 ESS）。每當有緊急事件發生，需要救難援助的時候，慈濟是省政府的九個成員之一，這九個成員包括紅十字會、救世軍、食物銀行等。

有了這樣的身分以後，發生災難時，省政府便會主動通知我們。我們可以更深入的參與、更積極的投入救援，也因此對加拿大的社會體制有更深的了解。

一般災難或意外現場，政府會拉上封鎖線，但我們加入ESS後，獲准進入現場評估狀況。ESS幫助我們通知災民來參加說明會，我們能以慈濟的模式發放現金及毛毯，並視情況發給慰問金。我會先介紹慈濟以及上人的關懷與祝福，接著進行發放，然後全場一起手牽著手唱〈一家人〉這首歌，歌詞簡單充滿愛，災民都會感動的來跟我們擁抱，場面相當溫馨。

讓人信任的救災團隊

二〇〇七年十月下旬，一架輕型小飛機撞上位於列治文市的一棟十五層的老人公寓，所幸小飛機沒有當場爆炸，否則後

果不堪設想。當時得知消息的我們，很快就趕到現場協助疏散，也幫忙安頓受驚嚇的居民。

由於市政府和慈濟合作許久，彼此信任，我們立即在現場設置工作站，協助政府登記災民的相關資料。迅速完成災民登記後，政府允許災民可由慈濟志工陪伴保護，在限時三十分鐘內，回到自己的屋裡拿東西。

由於停電的關係，現場沒有照明設備，加上滅火後四周都是水，我們師兄姊也貼心準備了照明燈和雨鞋，方便住戶回家取東西。

慈濟效率高、人力夠，人員遍布多個城市，動員速度快、做事用心、配合度又高，讓政府單位十分放心。由於志工都穿著制服來服務，一眼就能辨認，不必擔心有不懷好意的人混雜其中、趁火打劫。

急難救助在地的華人

在慈濟，所謂的「急難救助」，除了意外、災難外，還有一種是家庭突遇變故，例如家人因病驟世，或因為糾紛造成傷亡，我們都會盡力幫忙。

面對家人亡故的遺族，往往悲傷無助，對葬儀毫無頭緒。我們會代為接洽殯儀館，協助喪葬流程，建議怎麼辦理告別式。舉行告別式時，若需要助念，我們也會協助安排。

因為加拿大大都是移民家庭，沒有太多親友，偌大的靈堂

裡只有家屬兩三人，更添淒涼。我們的師兄姊就會出席告別式，常常一去就是五十位、一百位，讓會場溫馨圓滿。當志工全體齊唱〈往生的祝福〉，家屬都感動流淚，他們有些後來也加入志工的行列。

有些家庭對當地法規不熟悉，或語言溝通上的問題，我們有時也會陪同到政府機關幫忙辦理相關手續。關於喪葬費用，大部分人都從未接觸，若有人來詢問，我們也會提供一些建議，一切只為能讓事情圓滿處理，實踐上人讓「亡者靈安，生者心安」的理念。

每次我在分會看到精進組師姊們協助家屬處理各項事宜，我去向他們致意時，從眼神的交流，能感受到他們的心靈稍稍受到了撫慰。我覺得，師姊們真是菩薩。

48〉加拿大最猛烈的森林大火

以愛來澆熄烈火，勘災、發放、募愛。

愛的毛毯，溫度猶在。

二〇一六年五月，亞伯達省東北方麥克默里堡（Fort McMurray，以下簡稱麥堡）發生當地史上最大規模的森林大火，延燒面積達五十九萬公頃，迫使十萬多人撤離家園。重災區麥堡更有兩千四百多棟建築物遭受波及、焚毀或被煙霧汙染，無法居住，當地立即進入緊急狀態。

毛毯傳遞的溫暖擁抱

我們第一時間就展開急難救助，也迅速啟動募款；另一方面，東西兩岸志工迅速趕往愛民頓發放中心，協助愛民頓急難服務協會（Edmonton Emergency Relief Service Society，簡稱 CEERSS），由於我們過去曾合作過，對方十分樂意提供空間給我們使用。

森林大火發生後的三週內，我們共發放了六千多顆枕頭、一萬八千條浴巾，還有五千五百多條自臺灣即時空運到加拿大的加厚環保毛毯。

消防員馬克（Marc Pavan）忍不住試躺慈濟的福慧床，也拿起毯子輕撫說：「撤離的民眾收到這些毛毯一定會非常開

心，現在需求量很大，你們的毯子又柔軟又暖和，在這麼可怕的災難後，一條毛毯感覺就像一個溫暖的擁抱，可以消除你的煩惱。」

有位當地志工還特別來跟莊立仁師兄要了一條毛毯，她說：「我想把這樣的溫暖與愛心，送給一位癌末時時痛苦的小女孩。」後來她告訴我們，小女孩蓋著暖和的毛毯，臉上痛苦的表情漸漸消失，隨後安詳的離開了。女孩的媽媽雖然不捨，但也同時感到安慰，女兒不再痛苦了。她也將這條慈濟毛毯與她的女兒一同安葬。

用《靜思語》呵護受傷心靈

看到慈濟的動員力與感恩服務，發放中心負責人達莉亞·阿卜杜勒拉蒂夫（Dalia Abdellatif）說：「你們親手布施、親自參與，面對面接觸關懷這些家庭，對我來說，這意義相當重大。我們來此都是為了同一個目的，幫助這些家庭。你們幫了很大的忙！」

面對這場森林大火，加拿大各地慈濟志工也啟動募心募款，但是災民們面對未來重建，還有很長一段路要走。發放結束後，善款還有加幣六十八萬元，我們決定優先幫助孩童。我們寫信詢問教育局的需求，教育局希望能對災區學童進行一項災後心理復健「領導潛能」計畫（The Leader in Me），很可惜政府目前沒有針對這項計畫的任何款項。於是我們開會評估

後，決定贊助麥堡的兩個校區參與此計畫。

二〇一七年一月十一日在靜思堂舉行捐贈儀式，包括麥堡公立教育局總監、學務委員會主席，及天主教教育局總監與助理總監等四人，都專程到溫哥華參加捐贈儀式。

麥堡天主教學校學區總監喬治‧麥吉根（George McGuigan）還當場宣布：「我發現《靜思語》不只和『領導潛能』計畫中心思想契合，也符合我們的宗教教育和教義，是『三位一體』的結合。所以，我決定將《靜思語》納入『領導潛能』計畫教材。」

讓社區重建並重生，全校師生列隊歡迎

連續兩年，我們都在五月份暑假前一起去學校看看這些孩子。到了現場，真是讓我們驚喜不已。全校師生都在教室外排成一條長龍歡迎我們，場面很熱鬧。

他們還自製布條，親自送上卡片，有個小女孩還跑過來給我一個大大的擁抱，每個人都笑容滿面。他們小小年紀，卻一點也不怕生，熱情地帶領我們參觀教室，完全感受不到他們曾經遭受森林大火的驚嚇。

我們去參訪時，老師要我們對孩子講講話，我就和他們分享上人的話：「『頭頂加拿大的天，腳踩加拿大的地，一定要回饋才行』、『付出還要感恩』。我們很感恩麥堡的老師、學校和教育局，由於您們的協助，我們的愛心才能送到孩子手

中。」他們聽了都很感動，了解這就是慈濟的人文精神。

有一次，麥堡公立校區學務委員會主席琳達‧麥瓦特（Linda Mywaart）在致詞時便說：「每位學生都有機會成為未來的領袖，是創辦這個計畫的核心價值，而慈濟基金會幫助我們培養這些學生。非常感謝你們的慷慨捐款，你們讓麥市社區重生（rebirth）和重建（rebuild）。」

獲頒麥堡「市鑰」殊榮

麥堡天主教校區學務委員會主席寶拉‧蓋倫佐斯基（Paula Galenzoski）說：「慈濟的這份禮物最為特別，因為它的影響力超越世代，孩子們將因此成長得更加堅韌沉穩，成為社區的好公民。」我聽完這兩位教育局長講話，才發現原來在他們的心目中，我們的幫助如此意義重大，居然能讓城市「重生」，影響力「超越世代」。我們見證了上人說的：「社會的希望在於人才，人才的希望在於教育；父母的希望在於孩子，孩子的希望在於教育。」

參訪過後，市長唐‧史考特（Don Scott）特別接見我們，並贈與麥克默里堡「市鑰」。他強調說：「我非常重視我們的年輕一代，非常感謝慈濟對我們年輕人所做的一切。而且頒贈這把市鑰真的非常罕見（very rarely），只有在特殊的場合。所以要特別感謝慈濟，以及你們所做的一切。謝謝！」

延伸閱讀
認識慈濟 楓葉之國這麼做
加拿大世紀林火 災區孩童心靈重建

第十章

結語篇：
我們的改變

 緣起

　　二〇二〇年九月，慈濟加拿大基金會滿二十八周年。驀然回首，已經逾一萬個日子。一路走來，參與見證的，包括了加拿大慈濟大愛足跡遍布的十五個分支聯絡點、八十四個志工站，以及不計其數的捐款人。在加拿大九百九十八萬平方公里的土地面積上，慈濟人的心燈在大溫地區、多倫多、密西沙加、愛民頓、卡加利、渥太華、蒙特婁、維多利亞、溫尼伯等地燃燒著。

　　這些志工，懷抱著感恩來服務，秉持著師父所說的「愛心無國界」，從幼童到近百歲耆老，不分年齡攜手相伴於各個志工站，他們持續逾半個世紀，共同創造了「慈濟奇蹟」，改變了加拿大社會的一角。

49〉市長與慈濟日

前腳走後腳放，人生的路才能繼續往前走。

蘇利文市長：「**Gary, you change my life.**」

　　每年的母親節，是佛誕日、母親節、慈濟日三節合一的日子。這些年來，每逢五月份的浴佛典禮當天，卑詩省及八個市都會頒贈慈濟日證書，而這是在我們出錢出力回饋當地十二年後才開始受到肯定，實在得來不易。

　　二〇〇四年，溫哥華市長李健寶在市政廳頒發獎狀給我們，還特別到花蓮贈送證書給上人。繼溫哥華之後，本拿比、高貴林、列治文、素里，還有西溫、北溫，之後卑詩省政府也每年都頒贈慈濟日證書，因為我們一直持續在服務。

　　二〇〇七年慈濟日，五位市長、廳長、部長、議員們，還有溫哥華臺北經文處處長龔中誠，在音樂聲中，大家一起一步一步地走到浴佛臺前合十致敬。

　　列治文市長馬保定在致詞的時候說，五位市長一起出席同個活動實在太難得了，因為我們市長很少到別的城市參加活動，「只有慈濟能把我們聚在一起，因為藉由這個機會，我們才能向慈濟說『謝謝』。」三級政府官員對慈濟的肯定，也鼓勵了我們這些會員、志工、委員慈誠們，表示我們的努力他們都看到了。我想這或許就印證上人所說的，我們的回饋贏得了尊重。

溫哥華市長李健寶（Larry Campbell, 任期 2002～2005）

第一個跟慈濟結緣的溫哥華市長，是李健寶市長。二〇〇四年十一月三十日，慈濟獲得溫哥華市的文化和諧獎（Cultural Harmony Awards），在溫哥華市議會頒獎。隨後在溫哥華的凡尼爾公園 (Vanier Park)的文化和諧樹林 (Cultural Harmony grove)立了一個慈濟得獎紀念石碑，碑文銘刻：「Cultural Harmony Awards 2004 Tzu Chi Foundation」，大家一起去植樹，為我們的貢獻留下永久的標誌。

二〇〇五年，李健寶市長就到花蓮拜訪上人。見面那天，他特地打上我們送的慈濟領帶。他對上人說，此行最重要的目的是要當面跟上人道謝，他跟上人說：「We are so lucky to have Tzu Chi in Vancouver.（我們很幸運，在溫哥華有慈濟人！）」而且他回加拿大後就要退休了，以後就有更多時間來當志工，推廣慈濟的理念。

我聽到這些話，非常高興。奇妙的是，來見過上人之後時常都會得到好運。他退休後被提名為加拿大參議員，這是終生職，隨後他就離開溫哥華，搬到了首都渥太華去。

溫哥華市長蘇利文（Sam Sullivan,任期 2005～2008）

二〇〇四年，蘇利文還是市議員時，有一次我透過朋友梁德煌的邀約跟他共進晚餐。席間我向他介紹慈濟在加拿大做的事情，他感到不可思議，以前竟然都不知道有慈濟這樣的團體。

聽完我的介紹，他非常認同慈濟。

我提到上人有一本智慧之書叫作《靜思語》，還當場送他兩句上人說的話。第一句是，「人的痛苦都是來自眼睛往上看，往上比較、計較。」我抬著頭向他解釋，人這樣抬頭半個鐘頭，脖子就痠了，就好像人都會一直往上比較，羨慕別人的身體比我好，錢賺得比我多。然而，佛陀的眼睛都是往下看。往下看的話，這世界還是有比我們不幸的人，我們總會比某些人更幸運。

我對坐著輪椅的蘇利文說，同樣因滑雪受傷，有些人就走了，有些人變成植物人，「您現在還可以坐著輪椅到處去，這已經是幸運的了。有的人身體雖然正常，卻有精神疾病。況且您的頭腦那麼好，市政是由你們議員來決定的，您對溫哥華的貢獻超過百分之九十五的市民。」

第二句話是「前腳走，後腳放，人生的路才能繼續往前走」。我就站起來，跨出一步，後腳要準備跨的時候，一定要把後腳放掉。這邊說的「後腳」，就是過去的你，放掉他，你的人生之路才能往前走。蘇利文很感動，問我說，可以把這兩句話抄起來嗎？我說：「當然可以。」他就把顫抖的手伸進隨身的小包包裡面，因為他的手指不能動，只能用大拇指夾住筆，然後拿出筆記本把話抄下來。

寫完後，蘇利文眼睛直視著我，說：「Gary, You change my life.」我記得當時聽到，也嚇了一跳。原來《靜思語》有如

此魅力，一下子就改變了他的人生。

二〇〇五年，我們參與南亞賑災，從斯里蘭卡回來後，我正巧碰到蘇利文，就跟他講我在斯里蘭卡做的事情。他感嘆道：「你們做了好多事情，師父真是偉大！」

蘇利文接著跟我說，他要參選市長了。由於我們不介入政治，沒有辦法幫他什麼，我就送他《靜思語》的一句話：「有心就有福，有願就有力。」你有心要為市民服務，就會有這個福報；你有願望要為市民的福祉努力，就會有這樣的力量。他聽了，就又說了一句：「You always inspire me.」（你總是鼓舞我。）

市長選舉過後，蘇利文順利當上市長，邀請我們志工去市長辦公室，我看到他背後書架上就有一本《靜思語》。

二〇〇六年二月，蘇利文市長代表溫哥華到義大利都靈接下冬季奧運旗幟，由於他的手不能舉起，為此苦練好久，終於能緊握奧運旗繞行會場，那旗幟飛揚的畫面感動了全世界。

溫哥華市長羅品信（Gregor Angus Bethune Robertson，任期 2008～2018）

羅品信市長非常注重環保議題，他想讓溫哥華變成最美麗的城市（make Vancouver the greenest city），他很肯定慈濟在溫哥華推動資源回收的成果，正式宣布溫哥華慈濟日，邀請志工群到市長辦公室頒贈感謝狀，還頒贈溫哥華證嚴上人日，並接受大愛臺採訪，期許證嚴上人的理念能成為世界的典範。

列治文市長馬保定（Malcolm Brodie，任期 2001～）

由於我們服務養老院、認養公園、設立人文學校、贊助食物銀行、協助緊急救援等，與列治文區市長與議員們保持緊密地合作關係。列治文市還特別提供農地讓志工親自下田種菜，收成後贈送給食物銀行。

每年七月一日加拿大國慶日、同時也是鮭魚節，這是列治文市的年度大事，我們都會參與活動擔任志工做資源回收，藍天白雲的慈濟志工服成為當天最美的風景之一。

二〇〇八年四川震災時，馬保定市長同意讓我們在市政廳擺放募款箱，這在之前從未有過，能夠首開先例，我覺得這是很大的信任與改變。

本拿比市長高力勤（Derek Corrigan, 任期 2002～ 2018）

我們與本拿比市高力勤市長的結緣，是因為慈濟本拿比互愛長曾淑珍師姊主動去拜訪他，問說：「我們可以為本拿比市做些什麼？」他大為驚訝，說：「別人都是來跟我要什麼，你卻要來給予。」

於是，市長邀請我們參加一個在公園舉辦的開放園遊會。活動非常成功，他也了解到我們的動員能力。我們在本拿比的服務項目很多，他都樂於參與。

有一年，他到花蓮來看上人之前，寫了一封長信寄給上人，一一列出慈濟為本拿比做的事，對志工讚不絕口。見過上人後，

他當選了世界市長聯盟會主席，邀請慈濟在溫哥華奧菲劇院舉行接待餐會。慈濟委員們穿著長旗袍，氣質優雅的步入會場，為賓客送上點心，一時風靡全場，讓市長相當得意。

因為他的身材又高又壯，我曾送給他一句靜思語：「生氣是拿別人的過錯來懲罰自己，原諒別人就是善待自己。」我就說：「人生氣的時候血壓會飆高，細胞也會死掉很多，太氣的話更加危險。」後來他在媒體訪問時讚揚慈濟說：「慈濟不只為本拿比做了很多事。對我個人也有很大的幫助。有一次在議會裡，有陳情的人出言不遜，我很生氣，想站起來吼回去，突然想到《靜思語》的話，我決定不要懲罰自己，就又坐下來了。」

有一年，本拿比在市議會頒發慈濟日證書給我們，儀式在議會開會前舉行，全程直播，那天我先做了五分鐘的簡報，分享上人的理念，以及我們回饋加拿大的故事。

接著就由市議員回應，每位議員都站起來分享他們所知道的慈濟人、慈濟事，最後由高力勤市長總結，他把我沒有講到的，一一補充說明。我聽了好感動，這位市長真有心啊！

議程開始後，討論本拿比醫院添購了兩部MRI機器（慈濟捐了加幣五萬元），但是因為人力的關係，現在只有一部在運作，市長有些失望，隨後開玩笑說：「要是交給Gary管，就不會發生這樣的事了！」

二〇一八年，本拿比市提供市政府一個約三十坪的空間，我們在眾多非營利組織中獲選，租期十年，每年一元。由於市

議員、省議員、國會議員都會來參加我們的活動，大家都很認同慈濟，也因慈濟而更加了解臺灣。二〇一七年跟二〇二〇年卑詩省省選，有兩位本拿比選區的年輕臺灣女孩當選省議員，並成為省府廳長，我們都與有榮焉。

高貴林市長司徒得（Richard Steward, 任期 2008～）

高貴林市長司徒得，有次參加我們的活動，問我們可否給他一張志工證。我跟他說，有志工證的人都有服務五十個小時。後來，他來參加我們在高貴林市舉辦的植樹活動時，笑著說：「記得要幫我算志工時數哦！」

向來支持我們的司徒得市長，還曾來擔任慈濟環保時裝秀的模特兒，跟我們像是多年的老友一般。

二〇一三年元月，慈濟在溫哥華舉行歲末祝福晚會，他在會中致詞：「幾年前高貴林發生了一場大火，其實每個城市總是會有不幸發生，但是慈濟都在，就如同海地的悲劇一樣，我們看到慈濟人也在！我們不僅一直看到慈濟人在社區為防止和面對氣候變遷所做的耕耘和努力，更看到全球慈濟人都以實際行動投入改善氣候變遷影響的行列，謝謝慈濟人所付出的一切。」

最後，他幽默的說：「Gary, if they don't let you run Canada, you can come and run Coquitlam.（何師兄，如果他們不讓你管加拿大，你可以來管高貴林。）」

延伸閱讀　慈濟浴佛盛典 加拿大總理獻賀詞

50〉部長、省長都來訪

謝謝！謝謝！謝謝你們為加拿大所做的一切，
讓加拿大變得更美好。

卑詩省省長賀謹（John Horgan）

二〇一九年，卑詩省省長賀謹來訪，帶著兩位來自臺灣的女廳長：康安妮和陳韋蓁。這是第一次有省長來訪，我為他們進行一場簡報，關於上人回饋的理念、慈濟全球志業，以及慈濟在卑詩省的會務說明。我還談到，在卑詩省大火事件中，中醫可以扮演安撫、治療的作用。他認真聽取我們的分享，並讚賞慈濟所做的事情。

賀謹曾來參加二〇一六年臺灣文化節的中醫義診，當時還由何麗娜醫師把脈。隔年，他當選省長後，本會教育志業執行長蔡炳坤來訪加拿大，參加中醫義診。我們一道去省政府參觀，拜會省長。他拉開衣袖，開玩笑的對何麗娜醫師說：「應該要請您來幫我看看！」

亞伯達省省長康尼（Jason Kenney）

二〇〇七年，康尼擔任多元文化部長，我們在本拿比舉行大型浴佛典禮，這是他第一次參加慈濟的活動。我為他導覽在帳篷區的慈濟海報，介紹志工在各社區對老人、學生、遊民的

回饋。

康尼看得很有興趣，問了我一個問題：「你們做了這麼多事情，經費怎麼來？」

我指著現場許多穿著制服的委員們說：「這些志工們，不僅自己捐款，還去募款，這些經費都是一筆一筆募捐來的。」

康尼又問：「那政府沒有給你們錢嗎？」

我回說：「我們從不跟政府要錢，我們都自力更生。」

康尼聽完很訝異，轉身告訴秘書：「你一定要記住這個團體！他們為加拿大做很多事，但卻從不跟政府要錢！」此後，他來溫哥華，有時也會到分會來看我們。

二○○八年汶川地震時，我們的志工拿著募款箱到國會山莊請他捐款，他就投下一張鈔票，讓我們拍照，這張照片隨後登上報紙頭條。同一天，本拿比市長也投下鈔票支持我們，照片也登上報紙。這兩張照片代表從部長到市長、從中央到地方都肯定、支持慈濟為汶川募款。

那一年，原本政府宣布要捐一百萬加幣，華人界譁然，反應強烈，認為金額太少。政府隔天宣布採用相對捐款（Matching Fund）的方式，民眾捐多少，政府相對捐多少。當我們募款金額到達加幣三百萬元時，我打電話告訴康尼的秘書 Paul Hon，他開玩笑的說：「你要讓加拿大政府破產嗎？」康尼後來還為我安排兩次與總理會面。

二○一二年，康尼轉任移民部長，曾親自前往慈濟西多倫

多聯絡處，頒贈鑽禧獎章給多倫多慈濟委員暨密西沙加人文學校校長廖純瑩師姊。在頒獎典禮上，他公開讚譽慈濟是具有啟發性的組織，長期以來，以實踐做為加拿大人的學習楷模，他代表加國人民和哈珀總理感謝慈濟對加拿大的貢獻。

康尼說：「慈濟是一個激勵人心的組織，也是給所有人的榜樣，透過你們以身作則以及實際參與的行動，沒有比這更令人印象深刻的老師。有次我在一家渥太華的商店裡，看見志工們為了四川震災在募款，不論哪裡有大災難，你們都在那。當有孩子們需要特別課後輔導時，你們會在那；當有無家可歸的街友需要食物時，你們會在那；當有孤獨長者們需要鼓勵、友情及陪伴時，你們也在那。」

最後，他用連續三次的謝謝作為結語，「謝謝！謝謝！謝謝你們為加拿大所做的一切，讓加拿大變得更美好。」

年底，我獲得總理頒發鑽禧獎章，也是經由他的推薦。我領獎之前到國會山莊見他，拿出慈濟二十年來的財務報表給他看，他看到我們的募款總額將近加幣五千萬元，行政費用卻不到一成，大為驚訝。仔細看完之後，他用雙手把那份報表丟還給我，幽默的說：「Gary, You run Canada.」後來，他轉任國防部長，還來我們溫哥華分會捐款。

二〇一八年，我去卡加利市看他，那時他已經辭去國會議員。他告訴我，要投入參選亞伯達省省長。我就送他與蘇利文市長一樣的《靜思語》：「有心就有福，有願就有力」，他覺

得很受用，也感謝這份祝福。

康尼接著拉開西裝，秀出身材說：「你看，我減肥成功，現在變得很強壯。」拿出相機和我玩自拍，他說自己是慈濟的頭號粉絲（number one fan）。我心想，粉絲升級了！從大粉絲（big fan）變成頭號粉絲（number one fan）。後來，他如願選上省長。最近，我看到媒體報導，他的防疫政策很成功，還能把防疫設備分享到其他省，獲得很大的讚賞。

這兩位現任省長與慈濟有長久關係，相信這份好緣會持續下去。

國防部長石俊（Harjit Sajjan，任期 2015~）

加拿大國防部長石俊曾任警員、軍官，為首位指揮加拿大陸軍團級部隊的錫克人。他於二〇一五年當選國會議員，同年十一月獲總理杜魯道（Justin Trudeau）委任為聯邦國防部長。

二〇一五年聯邦大選前，我的好友梁陳明任邀請石俊和我共進午餐，席間我們互相分享人生經歷及理念，談得很投緣。他擔任國防部長後，時常參加我們的活動，並不時到賑災現場關心。二〇一八年慈濟歲末祝福晚會上，他代表總理杜魯道感謝慈濟。他形容：「慈濟秉持著一份清淨心和慈悲心在做服務，不分宗教、文化、種族，這是我們現在這個世界最需要的。面對著全世界的挑戰及衝突，不管危難，慈濟總在這些地方，給予人們立即的幫助、一份溫暖，跨越了國界、國家、社區、宗

教，只因為他們都是『人』。」

司法部長王州迪（Jody Wilson-Raybould，任期 2015~2018）

　　二〇一六年，司法部長王州迪也來訪，二〇一八年，還到我們中醫學院參觀，由於她是原住民，父親又是大酋長，關於原住民的事情她表示義不容辭。

　　這些年來，一直有官員、社會領袖陸續來分會參觀。他們都知道我們不介入政治，他們來也是無所求，只是來表達關懷與鼓勵，並學習慈濟「付出還要感恩」的精神。他們表示，從志工臉上的表情，可以感受到一股正能量，慈濟辦公室給他們一種祥和的感覺，他們喜歡這裡。

延伸閱讀
司法部長訪慈濟 認同理念願支持
兩任國防部長說慈濟

51〉舉辦公民入籍宣誓

在付出的同時做個快樂新移民，
在歡喜中對這塊美麗的土地持續貢獻。

加拿大移民要成為公民前，必須根據《入籍法》，包括五年內住滿三年、通過加拿大公民入籍考試等規定。而成為正式公民前，還有一個最重要的儀式——公民宣誓（Oath of Citizenship），這對每位移民來說都是重要大事，無不慎重以對。

慈濟改變的新移民生活

回想一九九二年我舉家移民加拿大；同年慈濟加拿大正式成立；一九九六年，我和家人通過移民考試，排定日期進行公民入籍宣誓。

我還記得，宣誓典禮在溫哥華東區靠近本拿比的義大利文化中心（Italian Cultural Centre）舉行，當天我們全家都穿上正式服裝，認定這是一生中的大事之一。一百多位各種族裔的面孔齊聚一堂，唱著加拿大國歌，宣讀誓詞，當時我的情緒湧動著，覺得自己在加拿大邁出了更扎實的一步。

二〇〇九年，住在多倫多的副執行長莊立仁師兄，首次受邀為「公民宣誓入籍典禮」作見證，分享如何因為擔任志工融入加拿大社會，開啟精采的移民生活，進而獲得社會肯定，成

為加拿大公民的典範。

莊師兄的見證引起熱烈回響，移民法官也感佩慈濟回饋與感恩的精神，正是加拿大社會所需，因此，加拿大聯邦移民公民部（CIC）選中慈濟為合作夥伴，邀請慈濟在加東地區主辦公民宣誓入籍典禮。繼東岸舉辦數十場宣誓入籍儀式之後，二〇一四年，首次在加西溫哥華的靜思堂舉辦入籍典禮。

與新公民分享我的移民人生

加西慈濟舉辦的首場公民宣誓是在二〇一四年十月十四日，溫哥華的慈濟靜思堂響起了祥和的音樂聲，在皇家騎警（RCMP）的前導下，我以合作單位負責人和新移民見證人的身分，跟在移民法官身後，走入公民宣誓會場。那天有來自四十多個國家、六十多位新公民宣誓入籍，其中包括幾位來自波蘭的修女和西藏的喇嘛。

法官先說明宣誓的意義，以及作為一位加拿大公民被賦予的權利和義務，接著由我分享心得。我坦言，一開始移民時抱著享受人生的心態，但因為師父提點「頭頂別人的天，腳踩別人的地」，要回饋社會才能獲得尊敬。

我接著分享了慈濟人在加拿大深耕社區的點點滴滴，並說：「我想送給大家一份禮物，就是證嚴法師曾對我說過的話：『付出還要感恩，用回饋獲得尊重』，我們得到了快樂，在歡喜中讓加拿大這塊土地更加美好。」

看到不少新入籍的公民頻頻點頭，儀式結束後還有不少人主動來與我交談，感謝有此機會認識慈濟。很多人陪同朋友來，都過來跟我說：「這是我們參加過最有意義、最感動人的公民宣誓典禮。」

在這面積近一千萬平方公里的土地上，超過一百多個族裔，能夠藉此機緣認識慈濟，甚至願意支持慈濟一起為加拿大的土地和人民付出，我們感到相當榮幸。

52〉總理兩次接見

慈濟的好信用，不僅媒體報導，
還讓加拿大政府「開綠燈」。

二〇〇八年汶川大地震，加拿大慈濟募款高達加幣五百五十萬元，僅次於紅十字會。之所以能募到這麼多錢，原因之一是當地四大華文報紙，連續一個月整個頭版都呼籲「捐款給慈濟或紅十字會」，有的直接寫「捐給慈濟」；後來，我把這四十多份報紙帶回花蓮給上人，他很高興看到這些報紙和加拿大社會這麼樣的肯定慈濟。另一個原因是有很多是大陸新移民捐款。

這次賑災是加拿大慈濟自成立以來，捐款人數最多的一次，每一筆都是來自個人捐款和小額捐款，代表加拿大社會和民眾對我們的信任，而且加拿大政府也相對捐贈了加幣四百萬元。

總理意外慈濟的好信用

捐款之後，我們接到通知，哈珀總理要在辦公室接見我們。我和另外兩位師兄去，見面後我送了《靜思語》和慈濟手帕給總理，我說到：「這次，慈濟不只去了汶川震災，緬甸風災我們也去了。」

總理大感意外：「怎麼可能！我們（加拿大）的醫療船都已經開到緬甸外海了，始終不得其門而入。你們怎麼做到的？」

我們解釋，因為一直以來，慈濟在全球的災難現場，都與當地的政府合作救災，不談政治、不論宗教，只關心災民，多年下來，獲得很好的信用（credit），所以緬甸政府相信我們。

這次接見前還有個小插曲，因為總理正好在加拿大國會山莊開會，當時是在議會休息時間接見我們，因此在總理到達前，議員們都在那裡等候。

向來自稱是「慈濟大粉絲（big fan of Tzu Chi）」的移民部長傑森・康尼邀請十位部長來看我，跟他們說：「你們一定要認識慈濟跟這個人，他們在加拿大做了很多事情，最重要的是，從來沒跟政府要過錢。」

部長們一個一個來跟我握手、自我介紹，感謝慈濟對加拿大的回饋，歡迎我們去他們辦公室。當時的臺灣駐加拿大代表李大維告訴我，「能夠獲得這個殊榮，真的相當難得。」

像我這樣一個移民，一天之內能見到總理、還有十個部長，實在是覺得很光榮。慈濟能受到這麼多的認同，印證了上人所說的：「贏得尊重。」

獲頒女王鑽禧獎章

我第二次受到總理接見是二〇一二年十二月，那年是英國女王登基六十周年，加拿大政府頒發獎章給對社會有貢獻的人

士。我被通知說，總理要親自頒獎。我認為這個獎應該頒給上人或者慈濟加拿大分會，但依規定這個獎項不能頒給團體，只能頒給加拿大公民。於是我跟我太太一起前往渥太華國會山莊的總理辦公室獲頒鑽禧獎章（Diamond Jubilee of Queen Elizabeth II）。

授獎後，我們去參觀了康尼的辦公室，他秘書告訴我，「能獲頒這個獎，代表加拿大政府對慈濟開綠燈（green light）。」其實，當時我並不知道這是什麼意思，直到隔年在海地賑災，我才懂了。

政府對慈濟「開綠燈」

二〇一三年五月，海地女子秘書學校校區舉行啟用典禮。這是海地震災後，慈濟本會為加拿大聖恩修女會重建三所女子學校其中之一，由美國總會負責執行，是海地第一棟完工的大型建築物。

由於聖恩修女會總部位於加拿大蒙特婁，慈濟加拿大分會也參與重建，我們受邀前往參加。於是我在溫哥華打電話邀請加拿大駐海地的大使諾恆立（Henry-Paul Normandin）前來參加，但秘書回答：「不可能。」並以大使公務繁忙，需要提前三個月預約予以婉拒。

沒想到，隔天我們就接到大使館的來電，秘書轉達，「大使知道我們要來（海地）很高興，他當天也會參加活動。」

　　兩週後，我們一到海地，大使辦公室就邀請我們前往警備森嚴的大使館茶敘。隔天啟用典禮上，大使夫婦連袂出席活動，大使用中英法三種語言致詞，說：「謝謝慈濟改變了海地！」

　　這下子我才明白，「這就是加拿大政府對慈濟『開綠燈』了。雖然是未曾謀面的大使，只因為是慈濟的活動，就撥冗前來。」不論是總理頒贈獎章、大使應邀出席，一連串的因緣，都是加拿大慈濟多年來付出所得到的尊重。

　　典禮當天，我們也意外得知，原來大使夫人在加拿大求學時，便是聖恩修女會創辦學校的學生。而聖恩修女會加拿大總執事瑞塔修女更開心的說：「這不只是兩棟建築物，更是一份希望的禮物。尤其是在地震後，在這個國家已經很難看到這樣的希望，我今天要對所有的慈濟志工們說，你們回來了，你們不僅信守承諾，也做到了答應要做的事。」

用回饋贏得尊重，用行動帶來改變。
我們改變了學生、老人、病人、原住民、
遊民、災民、地球

跋

大愛花朵在加拿大土地綻放

　　二十多年來，我在加拿大見證了很多事情，深感因緣際會，不可思議。

　　從最初，只是捐贈兒童醫院傳統中醫研究計畫，到溫哥華總醫院成立慈濟另類醫學中心，接著卑詩省長宣布成立中醫藥管理局，中醫師也尊稱為Doctor。後來，溫哥華中醫學院捐贈給慈濟，多倫多的漢博大學也開設慈濟診所。人醫會組成後，走入偏鄉為原住民義診，舉辦中醫研討會，各路中醫高手群聚一堂，在加拿大掀起了中醫風潮……

　　一開始，我們只是在UBC創設助學金，派珀校長來訪上人之後，開始重視佛教，聘請陳金華教授，接著舉行佛學論壇，全球名校佛教學者參與，UBC成為佛學重鎮，陳金華獲頒加拿大皇家學會院士，慈濟提升了UBC佛學研究的格局。我想冥冥

之中一定有一種深刻的緣分牽引著慈濟與UBC。

　　一開始，我們只是為學校提供助學金，之後合作早餐計畫和補助課外營隊、學用品發放、贈書活動。直到贊助麥堡教育局計畫，兩位教育局長表示我們的影響是超越世代的，讓城市重生與重建。大溫哥華地區與麥堡市大部分的學校都認識了慈濟。

　　一開始，我們只是在一家食物銀行服務，如今已有十七家之多，已經發放了百萬份食物。到養老院的服務也多達三十七間，救世軍、紅十字會都把我們當作最可靠的夥伴。回想九二年，我剛剛踏上這片土地，人生地不熟的，如今我們合作的機構已經超過八十多個。

　　就像上人說的，把愛的種子帶去，撒在原本陌生的土地上，開出了一朵接一朵美麗的花。我感觸很深，緣分真是神奇，像這樣一個牽引著另一個，原來我們已經與這麼多人結下善緣。

　　此時此刻，我心中滿懷感激，這一切，都要感恩上人的智慧。他教給我們回饋與慈濟人文，彷彿一盞明燈，指引前方的路，讓我們有了遵行的方向。我們這群移民依教奉行，因此活得更快樂、更有意義，也讓加拿大人欣賞慈濟人的真誠與美善。

　　我要感恩參與加拿大慈濟的會員、志工、榮董、委員和慈誠以及七位副執行長：陳玉女、邱桂秋、曾淑珍、郭保泰、苗萬輝、莊立仁、鍾政哲，還有四合一幹部：合心組的資深組員們和我一起做決策、發展與關懷；合氣組及各功能組實際推動

分會各項會務；互愛組落實在社區的發展；協力組在社區參與推動、接引志工及會員。還有八所人文學校、中醫學院的校長、主任及老師，慈濟人醫會的醫師與所有志工們。他們都肩負重任，能與大家共事是我最大的福報。

感恩呂惠萍、陳莉莉、陳儀芬與胥若玫的協助，讓內容更臻完善；以及讀書共和國出版集團陳瑤蓉、蔡孟庭小姐的促成，讓這本書能順利出版，使更多人都能看到我們這些加拿大慈濟人的移民故事。

我要特別感恩我的太太慈愉，她引領我進入慈濟，陪我到加拿大一起開拓打拚。她的細心、耐心和愛心就像箍桶一樣，把師兄姊們緊緊愛在一起，加拿大的志業，是我們和大家一起胼手胝足努力開創的。

我很高興去年（二〇二〇年）加拿大慈濟有了新的傳承，加西分會執行長唐嘉濱，加東分會執行長鄭揚和，他們兩位都是我很敬重、多年共事的師兄。

上人說：「慈濟就像地底下的一股清流，無國界流動，如同愛也是沒有國界的。」用回饋贏得尊重，以慈濟人文精神帶來改變，讓加拿大變得更美好，達到「人心淨化，社會祥和，天下無災難」的目標。

感恩！

謹以此書獻給我的父母
他們真誠隨和、樂於助人，
是我人生的典範。

静 思 人 文
JING SI CULTURE

改變——一群加拿大慈濟人的移民故事

作　　者／何國慶
總 編 輯／李復民
責任編輯／陳瑤蓉
美術編輯／Javick工作室、陳香郿
專案企劃／蔡孟庭、盤惟心
本書照片提供、攝影／加拿大慈濟分會、何國慶、吳群芳、罕佳慧、吳承治

出　　版／遠足文化事業股份有限公司 (發光體文化)
發　　行／遠足文化事業股份有限公司
地　　址／231023新北市新店區民權路 108之 2號 9樓
電話：(02) 2218-1417 傳真：(02) 8667-1065
電子信箱：service@bookrep.com.tw
網址：www.bookrep.com.tw
郵撥帳號：19504465遠足文化事業股份有限公司

讀書共和國出版集團

社　　長／郭重興
發行人兼出版總監／曾大福

業務平台

總經理／李雪麗　　　　副總經理／李復民
海外業務協理／張鑫峰　特販業務協理／陳綺瑩
實體業務經理／林詩富　專案企劃經理／蔡孟庭
印務經理／黃禮賢　　　印務主任／李孟儒

慈濟人文出版社

地址：臺北市忠孝東路三段二一七巷七弄十九號一樓
電話：02-28989888
傳真：02-28989889
郵政劃撥：06677883 互愛人文志業股份有限公司
網址：http://www.jingsi.org

法律顧問／華洋法律事務所 蘇文生律師
印　　製／前進彩藝有限公司

2021年 1月 13日初版一刷　　定價：380元
ISBN 978-986-98671-6-0　　書號：2IGN0002
著作權所有 ‧ 侵害必究
團體訂購請洽業務部 (02) 2218-1417分機 1132、1520
讀書共和國網路書店 www.bookrep.com.tw

國家圖書館出版品預行編目 (CIP)資料

改變：一群加拿大慈濟人的移民故事 / 何國慶作. -- 初版.
-- 新北市：發光體出版：遠足文化發行, 2021.01
面；　公分
ISBN 978-986-98671-6-0(平裝)

1.志工 2.通俗作品

547.16　　　　　　　　109015483